통通성경학교 STEP 4

성경을 통通한 기도

Praying through the Bible

성경을 통通한 기도

초 판 1쇄 2015년 8월 31일
5쇄 2021년 12월 20일

지은이 · 조병호
펴낸곳 · 도서출판 **통독원**
디자인 · 전민영

주소 · 서울시 강남구 선릉로 806
전화 · 02)525-7794
팩 스 · 02)587-7794
홈페이지 · www.tongbooks.com
등록 · 제22-2766호(2005.6.27)

ISBN 978-89-92247-92-4 03230

통通성경학교 STEP 4

성경을 통通한 기도

Praying through the Bible

조병호 지음

통독원

Praying through the Bible

본서는 〈통通성경학교〉 STEP 4

'성경을 통通한 기도' 교재입니다.

성경 속 인물 10명을 통해

그들이 어떻게 기도하고 묵상하였는지를

공부할 것입니다.

그래서 우리도 하나님의 사람들처럼

하나님과 통通하고 하나님께 통通하는

기도와 묵상으로 나아갈 것입니다.

가평 성경통독원에서

목차

기도와 묵상

Praying through the Bible

기도와 묵상

1. 기도

성경은 하나님을 믿고 순종하며 살았던 사람들에 관한 이야기로 가득합니다. 그들의 공통된 특징은 믿음을 가지고 하나님께 기도하며 살았다는 것입니다.

하나님께서 그들의 기도를 들으시고 응답하셨으며 옳은 길로 인도해주셨다는 것을 성경은 증언하고 있습니다. 그렇다면 오늘을 살아가는 그리스도인들은 성경 속 믿음의 선배들의 뒤를 따르기 위해 어떻게 하나님께 기도하고, 하나님께 응답받으며, 날마다 성경을 묵상하면서 살아갈 수 있을까요?

놀랍게도 그 해답은 이미 하나님께서 성경을 통해 우리에게 가르쳐주셨습니다.

예수님께서는 어떻게 기도해야 하는지, 어떻게 기도하면 안 되는지를 제자들에게 가르쳐주시면서 오늘 우리에게도 가르쳐주고 계십니다.

먼저 예수님께서는 기도에 관하여 크게 하지 말아야 할 것 두 가지와 해야 할 것 세 가지로 가르쳐주셨습니다.

첫째, 중언부언하지 말 것

하나님에 대해 잘 알지 못하는 이방인들은 하나님께 기도할 때에 기도를 많이 해야, 즉 오랜 시간 기도해야만 하나님께서 들어주실 것이라고 잘못 알고 있었습니다.

그래서 예수님 당시의 이방인들은 기도할 때에 아주 오랜 시간 동안 기도했던 것 같습니다. 그러자 아브라함의 후손이며 선민이라고 자처하던 예수님 당시의 유대인들도 이방인들의 이 기도 방식이 좋아보였는지 이를 따라 기도하기 시작했습니다.

그러다 보니 오래 기도하는 것이 하나님과 통하는 길이라 여기게 되고, 더 나아가 사람들에게는 얼마나 오래 기도했는가가 자랑이 되어가고 있었습니다.

그런데 그렇게 긴 시간 동안 기도하다 보면 사람들은 대체로 집중도가 떨어지며 기도의 내용은 중언부언해지기 마련입니다. 기도의 내용보다는 기도 시간을 오래 채우는 데 급급하기 때문입니다. 이에 대해 예수님께서 그 기도는 잘못된 기도라고 수정해주셨습니다.

"또 기도할 때에 이방인과 같이 중언부언하지 말라
그들은 말을 많이 하여야 들으실 줄 생각하느니라
그러므로 그들을 본받지 말라
구하기 전에 너희에게 있어야 할 것을
하나님 너희 아버지께서 아시느니라"(마 6:7-8).

사람과 사람 사이의 대화에서도 중언부언하는 사람과의 오랜 시간 대화는 생각 이상으로 피곤합니다.

바쁜 사람 붙잡아놓고 잠깐 자기 말을 들어달라고 해놓고는 계속해서 한 말 또 하고 앞뒤 말조차도 맞지 않는 말을 반복하면서 시간을 뺏는다면 그 사람과의 대화는 다음부터는 피하고 싶은 것이 당연할 것입니다. 사람과 사람 사이에서도 그럴진대 하물며 하늘의 하나님께 기도할 때 중언부언하는 것이 옳지 않다는 것은 두말할 필요가 없습니다.

예수님께서는 기도에 관하여 말씀하시며 첫 번째로 꼽으신 것이 바로 하나님께 기도할 때에 '중언부언하지 말라'는 것입니다.

하나님께서는 말을 많이 하여야 들으시는 분이 아니라, 기도하는 사람의 중심을 보신다는 것을 알려주신 것입니다.

둘째, 길거리에 서서 큰소리로 기도하지 말 것

예수님께서는 해서는 안 될 기도로 길거리에 서서 사람들이 모두 보는 곳에서 기도하는 것에 대해 꼬집어 말씀하셨습니다.

그 기도는 외식하는 자의 기도라는 것입니다. 사람들의 왕래가 많은 길거리에서 기도하면 그 기도는 사람의 귀를 의식하는 기도가 되고, 그 기도를 하는 사람은 이미 자기의 상을 다 받았으므로 하나님께서 듣지 않으신다는 것입니다.

물론 예배 시간에 하나님께 예배를 드리면서 회중들의 대표로 기도하는 것과 길거리 기도는 분명 다릅니다. 공식적으로 온 회중들을 대신해 대표로 하나님께 기도해야 하는 것이 아니라면, 굳이 길거리에 서서 하나님께 기도하는 것은 하나님보다 사람을 의식한 기도라고밖에 볼 수 없습니다.

그런 사람의 기도는 자기의 잘못을 자복하고 하나님의 용서를 구하는 기도보다는 대부분 자기의 의(義)를 드러내는 기도가 될 위험이 높습니다. 기도를 빙자해 자기 연설을 하는 우(愚)를 범할 수 있다는 것입니다. 때문에 예수님께서는 길거리에서 절대 큰소리로 기도하지 말라고 가르쳐주셨습니다.

"또 너희는 기도할 때에 외식하는 자와 같이 하지 말라
그들은 사람에게 보이려고 회당과

큰 거리 어귀에 서서 기도하기를 좋아하느니라
내가 진실로 너희에게 이르노니
그들은 자기 상을 이미 받았느니라"(마 6:5).

셋째, 골방에서 기도할 것

그렇다면 우리는 어디에서 기도해야 할까요?

예수님께서 가르쳐주신 장소는 다름 아닌 골방입니다. 그것도 심지어 골방의 문을 닫고 기도하라고 말씀하셨습니다. 골방에서 하나님께 기도하면 하나님은 아시지만 다른 사람들은 그 사람이 기도하는 것을 알 수 없습니다.

그런데 놀라운 사실은 골방에서 아무도 모르게 하나님께 기도하면 하나님께서 들으시고 갚아주신다는 것입니다. 이것은 구제할 때에 오른손이 하는 일을 왼손이 모르게 하라고 하신 말씀과도 일맥상통(一脈相通)합니다.

하나님께서는 사람들을 의식하며 하는 행위가 아닌 남들 모르게 하는 일들을 지켜보시고 그 일에 대해 상 주는 분이시기 때문입니다.

예수님께서는 골방에서 문을 닫고 은밀한 중에 하나님께 기도하는 것이 하나님과 가장 잘 통하는 기도라고 우리에게 가르쳐주셨습니다. 예수님께서 가르쳐주신 이 기도의 방법론을 배우고도 다른 방법으로 기도하려 한다면 그 기도는 하나님과는 상관없는 기도가 될 것입니다. 기도는 사람들에게 보이는 것이 중요한 것이 아니라, 하나님과 나 사이의 개인적인 만남이라는 사실을 기억해야 할 것입니다.

다시 말해 '기도 많이 하는 사람'으로 알려지는 것을 바라고 하는 기도가 되지 않도록 늘 경계해야 한다는 것입니다.

"너는 기도할 때에
네 골방에 들어가 문을 닫고
은밀한 중에 계신 네 아버지께 기도하라
은밀한 중에 보시는 네 아버지께서 갚으시리라"(마 6:6).

"너는 구제할 때에

오른손이 하는 것을 왼손이 모르게 하여
네 구제함을 은밀하게 하라
은밀한 중에 보시는 너의 아버지께서 갚으시리라"
(마 6:3-4).

넷째, 우리의 필요를 이미 다 아신다는 것을 알고 기도할 것

부모들은 자기의 의사를 표현하지 못하는 어린 자녀들의 필요를 이미 다 알고 있습니다.

그래서 때가 되면 음식을 먹이고, 기저귀를 갈아주고, 씻기고, 재우고, 추운 날씨에는 옷을 따뜻하게 입히고, 더운 날씨에는 시원하게 입히며 자녀의 필요를 채워줍니다. 그러면서도 부모들은 자녀에게 무엇이 더 필요한지 늘 면밀히 관찰합니다. 우리처럼 부족한 부모들도 자기 자녀의 필요를 알고 있는데 하물며 우리를 지으신 하늘의 하나님께서 우리가 무엇이 필요한지 왜 모르시겠습니까?

예수님께서는 하늘 아버지가 너희의 필요를 이미 다 알고 계신다고 정확하게 가르쳐주셨습니다. 그렇기 때문에 무엇을 먹을까 무엇을 입을까 염려하지 말고, 먼저 그의 나라와 그의 의를 구하라고 가르쳐주신 것입니다.

그러므로 우리는 먼저 하나님께 하나님의 나라와 하나님의 의를 구해야 합니다. 이를 위해 그리스도인들은 하나님의 나라와 하나님의 의가 무엇인지 성경을 통해 배워야 합니다.

"그러므로 그들을 본받지 말라
구하기 전에 너희에게 있어야 할 것을
하나님 너희 아버지께서 아시느니라"(마 6:8).

"그런즉 너희는 먼저 그의 나라와 그의 의를 구하라
그리하면 이 모든 것을 너희에게 더하시리라
그러므로 내일 일을 위하여 염려하지 말라
내일 일은 내일이 염려할 것이요
한 날의 괴로움은 그 날로 족하니라"(마 6:33-34).

다섯째, '이렇게 기도하라.' 라고 말씀하신 대로 기도할 것

예수님께서는 기도를 가르쳐달라고 요청하는 제자들에게 기도의 모범을 가르쳐주셨습니다. 그것이 주기도입니다. 예수님께서 '이렇게 기도하라.' 라고 직접 가르쳐주신 주기도는 기도 중의 기도이고, 우리가 따라 해야 할 기도의 정석입니다. 먼저 하나님을 아버지라 부르라고 말씀하셨습니다. 하나님을 '하늘에 계신 우리 아버지' 라고 부르며 기도하라고 가르쳐주셨습니다. 하나님의 아들이신 예수님을 통해 우리 한 사람 한 사람이 모두 하나님을 아버지라 부를 수 있는 길을 열어주신 것입니다. 주기도는 본론에 들어가 자세히 다루겠습니다.

이것이 예수님께서 제자들에게 직접 가르쳐주신 기도의 방법론입니다. 어떤 분야든지 올바른 방법론(methodology)이 세워지면 그 다음부터는 어려움이 없습니다. 배운 대로 직진하면 됩니다.

예수님께서 직접 가르쳐주신 이 기도의 방법론은 하나님께 통하는 기도의 최고 노하우입니다. 하나님께 통하는 기도는 예수님께서 가르쳐주신 기도 말고 사람의 방법을 동원하는 등의 다른 길은 없습니다.

예수님께서 가르쳐주신 기도, 성경 속 하나님의 사람들이 하나님께 했던 기도, 이것이 우리의 기도가 되어야 합니다. 성경을 통한 기도가 하나님과 통하는 기도입니다.

2. 묵상

묵상은 고수들이 할 수 있는 최고의 경지입니다.

보통 사람들에게 눈을 감고 5분만 집중하고 묵상을 해보라고 하면 너나없이 잡념으로 빠지게 됩니다. 그만큼 묵상은 생각보다 쉽지 않습니다. 그런데 그리스도인들은 누구나 깊은 묵상을 꿈꿉니다.

그렇다면 어떻게 우리는 깊은 묵상을 할 수 있을까요?

묵상은 쉽게 풀어보면 되새김이라 할 수 있습니다. 내 안에 깊이 들어와 있는 하나님의 귀한 말씀들을 다시 꺼내 곱씹으며 깊은 영적인 생활로 이끄는 것이 묵상입니다.

되새김이라는 말에서 우리가 생각해볼 수 있는 것은 되새김을 위해서 먼저 많이 먹어두어야 한다는 것입니다. 속에 넉넉하게 담아둔 것이 없다면 되새김을 해볼 시도조차 불가능하기 때문입니다.

동물은 크게 육식동물과 초식동물로 나뉩니다. 대표적인 초식동물로는 소, 양, 염소, 낙타 등이 있습니다. 이들의 특징은 되새김을 한다는 것입니다.

초식동물들은 육식동물들에 의해 언제든지 공격을 받을 위험이 있습니다. 그래서 초식동물들은 시간과 조건이 맞을 때 미리 많이 먹어둔다고 합니다. 그리고 안전한 장소에 가서 천천히 가장 큰 위에 저장해두었던 음식을 꺼내 잘 씹어 음식물을 부드럽게 한 뒤 제2 위로 옮기고, 또다시 제3 위, 그리고 제4 위로 옮깁니다. 때문에 초식동물들에게 제4 위가 진짜 위라는 것입니다.

묵상 또한 마찬가지라 할 수 있습니다. 하나님의 말씀을 일단 충분히 먹어두어야 하나님의 말씀을 다시 꺼내 부드럽게 소

화하며 묵상하는 그리스도인이 될 수 있습니다.

그러므로 하나님의 말씀인 성경을 충분히 읽지 않고, 말씀 한 두 구절 정도만을 가지고 묵상으로 직접 들어가겠다고 하는 것은 올바른 묵상이라 할 수 없습니다.

명상과 묵상은 다릅니다. 명상은 타 종교에서도 충분히 합니다. 아니 오히려 더 많이 한다고도 볼 수 있습니다. 하지만 하나님의 말씀인 성경이 아닌 다른 어떤 것으로 명상을 한다 한들 그 명상으로는 결코 묵상에 이를 수 없습니다.

사람은 누구나 매일 하루 세끼를 먹고, 매일 일정 시간 잠을 자야 살 수 있습니다. 수십 년간 충분히 먹었으니 어느 시점부터는 안 먹어도 되는 사람은 없습니다. 수십 년간 충분히 자며 살아왔으니 어느 시점부터는 안 자도 되는 사람도 없습니다. 모든 사람들은 하나님께서 부르시는 날까지 매일 먹고 매일 자야 건강하게 살 수 있습니다.

마찬가지로 그리스도인들은 매일 기도하고 매일 묵상해야 건강하게 살 수 있습니다.

묵상의 바른 방법론은 먼저 성경을 통해 하나님의 나라를 알고, 하나님의 마음을 헤아리며, 성경 전체 이야기를 알고, 그러고 나서 매일 묵상으로 들어가야 하는 것입니다.

우리가 먼저 구해야 하는 하나님의 나라와 하나님의 의도 모르는 단계에서는 묵상으로 들어가기가 쉽지 않기 때문입니다. 성경을 읽으며 그 상황에서 하나님의 마음이 어떠하셨는지를 알지도 못한다면 묵상으로 가기는 쉽지 않을 것입니다.

또한 성경 전체 이야기가 어떻게 구성되어 있는지조차도 모르면서 묵상으로 들어간다는 것은 초등학교와 중고등학교를 거치지 않고 대학으로 직접 들어가 연구에 매진하겠다는 억지와 다르지 않을 것입니다.

때문에 스스로를 만족시키는 명상 정도라면 몰라도, 하나님과 통하고 하나님께 통하는 묵상은 하나님의 말씀이 충분할 때 가능합니다.

다메섹 엘리에셀은 하란에 도착해 자기에게 맡겨진 사명을 앞두고 잠시 묵상하며 기도했고, 느헤미야도 왕 앞에서 잠시 묵상하며 기도했습니다.

그런데 그들은 성경 한두 구절로 묵상하지 않았습니다. 그들이 하나님의 말씀을 넉넉하고 풍족하게 충분히 가졌기에 언제 어느 때든 묵상과 기도가 가능했던 것입니다.

하나님께 통(通)하는 기도, 그리고 하나님과 통(通)하는 묵상은 오직 성경을 통해서만 가능합니다.

Praying through the Bible

1

《일년일독 통독성경》 제8일

다메섹 엘리에셀
기도와 묵상

아브라함의 아내 사라에 이어 '모든 민족'을 위한 '한 민족의 어머니'가 될 이삭의 아내를 찾기 위한 다메섹 엘리에셀의 기도

"그가 이르되 우리 주인 아브라함의 하나님 여호와여
원하건대 오늘 나에게 순조롭게 만나게 하사
내 주인 아브라함에게 은혜를 베푸시옵소서
성 중 사람의 딸들이 물 길으러 나오겠사오니
내가 우물 곁에 서 있다가 한 소녀에게 이르기를
청하건대 너는 물동이를 기울여 나로 마시게 하라 하리니
그의 대답이 마시라
내가 당신의 낙타에게도 마시게 하리라 하면

그는 주께서 주의 종 이삭을 위하여 정하신 자라
이로 말미암아 주께서 내 주인에게 은혜 베푸심을
내가 알겠나이다
말을 마치기도 전에
리브가가 물동이를 어깨에 메고 나오니
그는 아브라함의 동생 나홀의 아내 밀가의 아들
브두엘의 소생이라"(창 24:12-15).

다메섹 출신으로 아브라함의 종이었던 엘리에셀이 하나님께 기도합니다. 그는 기도의 포문을 '우리 주인 아브라함의 하나님' 이라고 하나님을 부르며 기도하고 있습니다.

나의 하나님이라고 감히 말하지도 못하면서 자신은 아브라함의 종인데 그러한 자신이 하나님께 기도하고 있다고 밝히며 기도를 시작하고 있습니다.

'우리 주인 아브라함의 하나님' 이라고 하나님을 부르는 다메섹 엘리에셀의 기도 속에는 늙은 종의 고단했던 삶에도 불구하고 주인에 대한 진심 어린 존경과 깊은 신뢰가 느껴집니다.

또한 자신의 주인 아브라함이 믿는 하나님에 대해 자신도 동일한 믿음을 가지고 있음을 보여줍니다.

다메섹 엘리에셀이 기도했던 곳은 자신이 태어난 곳인 다메섹도 아니고, 자신이 오랜 세월 아브라함의 종으로 살았던 가나안도 아닙니다.

가나안으로부터 약 800km정도 떨어진 메소포타미아의 하란입니다. 다메섹 엘리에셀이 하란까지 가서 기도했던 이유를 성경은 다음과 같이 밝히고 있습니다.

"아브라함이 자기 집 모든 소유를 맡은
늙은 종에게 이르되
청하건대 내 허벅지 밑에 네 손을 넣으라
내가 너에게 하늘의 하나님,
땅의 하나님이신 여호와를 가리켜 맹세하게 하노니
너는 내가 거주하는 이 지방 가나안 족속의 딸 중에서
내 아들을 위하여 아내를 택하지 말고
내 고향 내 족속에게로 가서

내 아들 이삭을 위하여 아내를 택하라"(창 24:2-4).

다메섹 엘리에셀이 그의 주인 아브라함으로부터 중요한 임무를 받은 것입니다. 다메섹 엘리에셀이 얼마나 유능한 아브라함의 핵심 참모였는지 이어지는 그의 질문을 통해서 충분히 알 수 있습니다. 그는 두 번 걸음하지 않고 단 한 번의 출장으로 맡은바 임무를 완벽하게 해낼 수 있도록 주인 아브라함에게 자신이 할 수 있는 일의 한계와 권한의 폭을 질문했습니다.

질문을 보면 그 사람의 실력을 알 수 있습니다. 다메섹 엘리에셀의 질문을 통해 이삭이 태어나기 전 아브라함이 왜 그를 후계자로 삼으려고까지 했는지를 충분히 미루어 짐작할 수 있을 정도입니다.

"종이 이르되
여자가 나를 따라 이 땅으로 오려고 하지 아니하거든
내가 주인의 아들을 주인이 나오신 땅으로
인도하여 돌아가리이까
아브라함이 그에게 이르되

내 아들을 그리로 데리고 돌아가지 아니하도록 하라
하늘의 하나님 여호와께서 나를 내 아버지의 집과
내 고향 땅에서 떠나게 하시고
내게 말씀하시며 내게 맹세하여 이르시기를
이 땅을 네 씨에게 주리라 하셨으니
그가 그 사자를 너보다 앞서 보내실지라
네가 거기서 내 아들을 위하여 아내를 택할지니라
만일 여자가 너를 따라 오려고 하지 아니하면
나의 이 맹세가 너와 상관이 없나니
오직 내 아들을 데리고 그리로 가지 말지니라
그 종이 이에 그의 주인 아브라함의
허벅지 아래에 손을 넣고
이 일에 대하여 그에게 맹세하였더라"(창 24:5-9).

아브라함이 원하는 가이드라인과 답을 정확하게 들은 다메섹 엘리에셀이 드디어 아브라함에게 이 일을 잘 완수하겠노라고 맹세하고 먼 출장길을 떠납니다. 모든 좋은 것들을 낙타 10필의 등에 가득 싣고 가나안을 출발해 직선으로만 약 800km가 넘는 먼 길을 여행한 늙은 종 다메섹 엘리에셀이 하란에 도착해 나홀의 성에 이르자마자 숨 돌릴 틈도 없이 하나님께 기도부터 합니다.

그런데 그 기도가 다름 아닌 '내 주인 아브라함에게 은혜를 베푸시옵소서.' 라는 기도입니다. 다메섹 엘리에셀은 하나님께서 아브라함에게 은혜를 베풀 수 있는 분이시라는 사실을 믿고 기도했습니다.

아브라함의 늙은 종 다메섹 엘리에셀이 하란까지 출장을 간 이유는 아브라함의 아들 이삭의 아내를 구하기 위함이었습니다. 사실 대를 이어 종의 삶을 산다는 것은 오늘날의 인권 문제를 뒤로하고서라도 일단 쉬운 일이 아닐 것입니다.

그리고 한때 다메섹 엘리에셀은 이삭이 태어나기 전 아브라함의 후계자가 될 기회가 있기도 했습니다. 고대 근동에서는 주인에게 아들이 없을 경우 가장 충성스럽고 뛰어난 종을 아들로 삼아 후계자로 세우는 일이 종종 있어왔습니다. 그런데 뒤늦게 아브라함에게 아들이 태어났고, 이제 그 아들의 아내를 구해오는 일을 다메섹 엘리에셀이 맡게 된 것입니다.

그런데 그 일을 책임 맡은 다메섹 엘리에셀이 이 일을 소중하게 여기며 가장 충성스럽게 실행하고자 '하나님께 기도하고 일을 시작' 하는 것입니다.

다메섹 엘리에셀의 기도는 진심이 묻어나는 기도입니다. 하나님께서는 이 기도를 들으시고 다메섹 엘리에셀이 '말을 마치기도 전에', 다시 말해 기도가 다 끝나기도 전에 그 기도에 응답해주셨습니다. 다메섹 엘리에셀의 기도는 하나님과 핫라인으로 통하는 기도였습니다.

그렇다면 왜 하나님께서는 한 늙은 종의 기도에 그토록 귀 기울이시고 더 나아가 즉시 응답까지 해주셨을까요?

다메섹 엘리에셀의 기도와 하나님의 응답에 대해 깊이 묵상하고자 한다면, 반드시 이 모든 일이 일어나기까지의 전체 이야기를 다 아는 것이 전제되어야 합니다.

사건의 앞뒤 정황과 배경을 모른 채 성경 한두 구절만을 가지고 묵상을 하는 것은 사실 묵상으로 들어갈 수 없음에도 묵상을 하는 모양만 갖추겠다는 것과 같습니다. 다시 말해 성경에 기록된 이야기와 전체 문맥을 알아야 다메섹 엘리에셀이 왜 그렇게 기도했는지, 그리고 하나님께서는 왜 그 기도에 즉시 응답하셨는지 알 수 있고, 그래야 묵상으로 나아갈 수 있습니다.

다메섹 엘리에셀은 다메섹에서 태어나 무슨 사연이 있었는지 모르지만 가나안으로까지 가서 아브라함의 집에 종으로 살게 된 사람이었습니다. 아브라함의 집에는 최소 318명 이상의 종이 있었습니다.

아브라함 집의 종 318명은 당시 고대 근동에서 일어났던 가장 큰 전쟁으로 기록된 앗수르의 4개 도시국가 연합과 소돔과 고모라를 중심으로 한 사해 동남부쪽에 자리 잡은 5개 도시국가 연합의 전쟁에 끼어들어 전쟁의 승패를 바꿔놓은 대단한 병사들이었습니다.

지금으로부터 4,000년 전에 기습과 야습의 전술이 가능했던 최고로 훈련된 정예병이었습니다. 아마도 그 318명의 정예병 가운데 다메섹 엘리에셀은 '넘버 원' 이었을 사람입니다. 용기와 용맹에서 타의 추종을 불허했던 사람이었을 것입니다.

그러한 다메섹 엘리에셀이 아브라함을 지켜보면서 아브라함이 믿는 하나님을 알게 되고 하나님을 믿게 된 것입니다. 그리고 아브라함의 삶을 지켜보면서 아브라함과 아브라함의 아들 이삭이 어떻게 하나님을 경험하고 하나님의 말씀에 순종하여 어떤 복을 누렸는지 직접 목도했던 것입니다.

'여호와 이레' 의 하나님을 아브라함과 이삭뿐만 아니라, 다메섹 엘리에셀도 알고, 믿고, 순종하여, 기적을 체험하며 하나님께 영광을 돌리는 삶을 살고자 했다는 것입니다. 하나님을 알게 되면 하나님께서 공평하고 공의로운 하나님이심을 깨닫게 됩니다.

다메섹 엘리에셀이 하나님을 알게 되자 자신이 가진 종이라는 외적 환경이 아닌, 하나님의 섭리와 하나님의 세계 경영에 동참하고자 하는 꿈을 가지게 된 것입니다.

아브라함의 아들 이삭의 아내를 구해오는 일은 일개 가정사가 아닌 세계 모든 민족을 구원하고자 하시는 하나님의 원대한 프로젝트였습니다. 다메섹 엘리에셀이 이 사실을 인식하고 이해했다는 것입니다. 참으로 대단한 사람이라 평가하지 않을 수 없습니다.

"내가 너로 큰 민족을 이루고 네게 복을 주어
네 이름을 창대하게 하리니 너는 복이 될지라
너를 축복하는 자에게는 내가 복을 내리고
너를 저주하는 자에게는 내가 저주하리니
땅의 모든 족속이 너로 말미암아
복을 얻을 것이라 하신지라"(창 12:2-3).

아브라함의 모든 이야기, 그리고 아브라함과 하나님에 관한 이야기를 다 알고 이해한 다메섹 엘리에셀이 하나님께 '내 주인 아브라함에게 은혜를 베푸시옵소서.' 라고 기도하자 하나님께서는 기꺼이 그의 기도에 응답하셨습니다.

우리도 다메섹 엘리에셀처럼 하나님과 통(通)하는 기도와 묵상을 할 수 있습니다. 하나님의 사람들의 이야기를 알게 되면 말입니다. 그러면 우리도 살아계신 하나님의 말씀으로 기도하고 묵상하며 날마다 주님과 동행할 수 있게 됩니다.

Praying through the Bible

2

《일년일독 통독성경》 제30일

모세
기도와 묵상

모세 이전, 500년 전 하나님의 사람 아브라함의 이야기를 모두 알고,
1년 전 출애굽의 전 과정 이야기가 바탕이 되어,
현재 광야에서 하나님의 용서가 필요한 60만 명을 위해 드린
모세의 중보 기도

"모세가 그의 하나님 여호와께 구하여 이르되
여호와여 어찌하여 그 큰 권능과 강한 손으로
애굽 땅에서 인도하여 내신
주의 백성에게 진노하시나이까
어찌하여 애굽 사람들이 이르기를
여호와가 자기의 백성을 산에서 죽이고
지면에서 진멸하려는

악한 의도로 인도해 내었다고 말하게 하시려 하나이까
주의 맹렬한 노를 그치시고 뜻을 돌이키사
주의 백성에게 이 화를 내리지 마옵소서
주의 종 아브라함과 이삭과 이스라엘을 기억하소서
주께서 그들을 위하여 주를 가리켜 맹세하여 이르시기를
내가 너희의 자손을 하늘의 별처럼 많게 하고
내가 허락한 이 온 땅을 너희의 자손에게 주어
영원한 기업이 되게 하리라 하셨나이다
여호와께서 뜻을 돌이키사 말씀하신 화를
그 백성에게 내리지 아니하시니라"(출 32:11-14).

하나님의 사람 모세가 하나님께 기도합니다. 다메섹 엘리에셀이 기도했을 때에 하나님께서는 그의 기도가 채 끝나기도 전에 응답하셨는데, 모세가 기도하자 하나님께서는 뜻을 돌이키시고 모세의 요구를 수용하십니다.

그렇다면 하나님께서는 누구나 기도하면 곧바로 들어주시거나 뜻을 돌이키시는 그런 분이실까요? 결코 아닙니다. 모세는 그의 시편에서 하나님이 얼마나 두렵고 떨리는 존재인지

고백함으로 우리에게도 하나님이 어떤 분이신지 가르쳐주고 있습니다.

"우리는 주의 노에 소멸되며
주의 분내심에 놀라나이다."(시 90:7).

"우리의 모든 날이 주의 분노 중에 지나가며
우리의 평생이 순식간에 다하였나이다."(시 90:9).

"누가 주의 노여움의 능력을 알며
누가 주의 진노의 두려움을 알리이까"(시 90:11).

모세는 하나님이 얼마나 무섭고 두려운 분이신지 충분히 알고 있었습니다. 그런데 모세는 거기에서 더 나아가 하나님의 사랑이 얼마나 더 크고 위대하신지도 알고 있었습니다.

당시에 모세가 이렇게까지 하나님께 긴급하게 기도하지 않으면 안 될 위급한 상황이 발생한 것입니다. 출애굽 이후 원망이 습관이 되어버린 이스라엘 백성들을 향하여 수도 없이 참으셨던 하나님께서 마침내 '진노'와 '맹렬한 노'를 드러내셨기 때문입니다.

하나님께서 이스라엘 백성들을 향하여 '진멸' 을 말씀하신 것입니다. 모세가 생각해보아도 이스라엘 백성들은 이미 수십 번 진멸을 당해도 변명의 여지가 없을 정도입니다. 하나님도 인내하셨지만 모세도 인간의 한계를 넘을 만큼 인내하며 이스라엘 백성들을 인도하고 있었던 것이 사실입니다.

"여호와께서 또 모세에게 이르시되
내가 이 백성을 보니 목이 뻣뻣한 백성이로다
그런즉 내가 하는 대로 두라
내가 그들에게 진노하여 그들을 진멸하고
너를 큰 나라가 되게 하리라"(출 32:9-10).

그런 상황에서 하나님께서 이스라엘 백성들에 대한 진멸을 말씀하시며 500년 전에 아브라함 한 사람으로부터 시작하셨던 그 일을 모세 한 사람과 다시 시작하겠다고 대안까지 말씀하셨습니다. 사태가 이 지경까지 가자 모세가 목숨을 걸고 하나님께 기도하기 시작한 것입니다.

모세의 기도는 크게 두 부분으로 나누어볼 수 있습니다. 전반부는 다음과 같습니다.

"모세가 그의 하나님 여호와께 구하여 이르되
여호와여 어찌하여 그 큰 권능과 강한 손으로
애굽 땅에서 인도하여 내신
주의 백성에게 진노하시나이까
어찌하여 애굽 사람들이 이르기를
여호와가 자기의 백성을 산에서 죽이고
지면에서 진멸하려는
악한 의도로 인도해 내었다고 말하게 하시려 하나이까
주의 맹렬한 노를 그치시고 뜻을 돌이키사
주의 백성에게 이 화를 내리지 마옵소서"(출 32:11-12).

모세는 하나님께서 '목이 뻣뻣한 백성'이라고 표현하신 이스라엘 백성들을 '주의 백성'이라고 표현하며 "하나님께서 애굽에서 인도하여 내신 주의 백성에게 이 화를 내리지 마옵소서."라고 기도합니다.

하나님께서 화가 나셔서 진멸을 말씀하신 그 사람들이 다름 아닌 하나님의 백성 즉, '주의 백성'이라는 사실을 말씀드린 것입니다. '하나님 백성이니 한심해도 어떻게 하시겠어요!' 라고 말하는 듯합니다.

그러면서 동시에 모세는 하나님께 이스라엘 백성들의 생명을 구원해주시기를 요청하면서 하나님의 체면을 생각하고 있습니다.

이스라엘 백성들의 죄는 백번 죽어도 마땅한 죄였습니다. 그렇지만 만약 그들이 광야에서 다 죽는다면 애굽 사람들과 고대 근동에 사는 수많은 사람들이 하나님께서 이스라엘 백성들을 광야에서 죽이기 위해 출애굽시키셨다고 뒤집어씌우는 말을 할 것이라고 이를 걱정했습니다.

사랑과 공의의 하나님에 대해 그들이 오해하면 제사장 나라 세계 선교의 꿈은 너무 멀어지게 된다는 것이 모세의 기도였습니다.

모세는 하나님께서 감동하실 수밖에 없는 내용을 가지고 후반부 기도를 이어갑니다.

"주의 종 아브라함과 이삭과 이스라엘을 기억하소서
주께서 그들을 위하여 주를 가리켜 맹세하여 이르시기를
내가 너희의 자손을 하늘의 별처럼 많게 하고
내가 허락한 이 온 땅을 너희의 자손에게 주어
영원한 기업이 되게 하리라 하셨나이다"(출 32:13).

모세는 하나님께서 아무리 화가 나 계신 상태라 하더라도 아브라함, 이삭, 야곱(이스라엘) 이야기만 꺼내면 입가에 저절로 미소를 지으실 것을 알고 있었습니다.

그래서 모세는 당시 이스라엘 백성들이 그들의 죄로 인해 죽을 수밖에 없지만, 그럼에도 불구하고 그들이 아브라함, 이삭, 야곱(이스라엘)의 후손들이라는 사실을 하나님께 상기시켜 드리며 기도했습니다. 그러니 그들을 살려달라는 것입니다.

하나님께서 아브라함과 맺으신 그 언약을 다시 기억하게 해

드림으로 하나님께서 마음을 돌이켜 그들에게 다시 한 번 기회를 주시도록 기도했습니다.

모세 이전, 500년 전에 아브라함은 하나님께서 요구하시자 두말하지 않고 노년에 얻은 아들 이삭을 데리고 3일 길을 걸어 모리아 산으로 갔습니다. 하나님의 요구를 따져 묻지 않고 그것을 요구하는 분이 하나님이심에 집중했기 때문입니다.

불과 나무는 준비되었는데 제물은 어디에 있느냐고 묻는 아들의 질문에 아브라함은 하나님께서 준비하실 거라고 대답했습니다. 그리고 번제단을 펼쳐놓고 아들을 묶었습니다. 아들 이삭을 묶은 이유는 아들이 서너 살이 아니라 충분히 저항할 수 있는 나이였기 때문입니다.

그리고 아브라함이 아들의 심장에 칼을 겨눕니다. 칼을 겨누는 시늉만 한 것이 아니라 정말 아들의 심장에 칼을 꽂으려 했습니다. 하나님은 시늉만 하는지 정말 실행하려고 하는지 다 아는 분이시기에 아브라함은 감히 눈가림 같은 것을 하려는 시도조차 하지 않았습니다.

"그 일 후에 하나님이 아브라함을 시험하시려고
그를 부르시되
아브라함아 하시니
그가 이르되
내가 여기 있나이다
여호와께서 이르시되
네 아들 네 사랑하는 독자 이삭을 데리고
모리아 땅으로 가서 내가 네게 일러 준 한 산 거기서
그를 번제로 드리라

아브라함이 아침에 일찍이 일어나 나귀에 안장을 지우고
두 종과 그의 아들 이삭을 데리고
번제에 쓸 나무를 쪼개어 가지고 떠나
하나님이 자기에게 일러 주신 곳으로 가더니
제삼일에 아브라함이 눈을 들어 그 곳을 멀리 바라본지라

이에 아브라함이 종들에게 이르되
너희는 나귀와 함께 여기서 기다리라
내가 아이와 함께 저기 가서 예배하고

우리가 너희에게로 돌아오리라 하고

아브라함이 이에 번제 나무를 가져다가
그의 아들 이삭에게 지우고 자기는 불과 칼을 손에 들고
두 사람이 동행하더니

이삭이 그 아버지 아브라함에게 말하여 이르되
내 아버지여 하니
그가 이르되
내 아들아 내가 여기 있노라
이삭이 이르되
불과 나무는 있거니와 번제할 어린 양은 어디 있나이까
아브라함이 이르되
내 아들아 번제할 어린 양은
하나님이 자기를 위하여 친히 준비하시리라 하고

두 사람이 함께 나아가서
하나님이 그에게 일러 주신 곳에 이른지라
이에 아브라함이 그 곳에 제단을 쌓고 나무를 벌여 놓고

그의 아들 이삭을 결박하여 제단 나무 위에 놓고
손을 내밀어 칼을 잡고 그 아들을 잡으려 하니

여호와의 사자가 하늘에서부터 그를 불러 이르시되
아브라함아 아브라함아 하시는지라
아브라함이 이르되
내가 여기 있나이다 하매
사자가 이르시되
그 아이에게 네 손을 대지 말라
그에게 아무 일도 하지 말라
네가 네 아들 네 독자까지도 내게 아끼지 아니하였으니
내가 이제야 네가 하나님을 경외하는 줄을 아노라"
(창 22:1-12).

그러자 하나님께서는 하나님의 말씀을 믿고 따르며 순종한 아브라함이 너무 좋고 고마워 아브라함의 칼을 제지시키기 위해 크게 소리를 지르셨습니다.

"아브라함아, 아브라함아.

손대지 마. 이삭한테 손대지 마.
이삭한테 아무 일도 하지 마."

이 사건은 아브라함과 그의 아들 이삭이 함께 하나님을 경험한 사건이 되었습니다. 이 일을 통해 하나님께서는 그때에 아브라함에게 '여호와 이레'의 백지수표를 주신 것입니다.

그리고 이제 모세가 500년 만에 이 백지수표를 하나님께 내밀었습니다. 하나님께서 진멸하겠다고 말씀하신 이 백성들이 바로 하나님을 그토록 기쁘시게 했던 그 아브라함과 이삭의 후손들이라는 것입니다. 그러니 하나님께서 어떻게 모세의 기도를 들어주지 않으실 수 있겠습니까?

이것이 성경을 통한 기도입니다. 모세는 아브라함, 이삭, 야곱(이스라엘)에 대한 이야기를 충분히 알고 있었기에 이런 기도를 할 수 있었습니다.

드디어 모세의 기도를 들으시고 하나님께서 뜻을 돌이키십니다.

"여호와께서 뜻을 돌이키사
말씀하신 화를 그 백성에게 내리지 아니하시니라"
(출 32:14).

모세의 기도는 길지 않습니다. 그리고 중언부언하지도 않습니다. 모세의 기도는 매우 짧은 기도였지만 하나님께서는 그 기도를 들으시고 모세의 요구를 수납하십니다.
하나님의 마음을 헤아리는 기도, 그리고 성경 이야기를 알고 하는 기도가 하나님의 응답을 받을 수 있는 기도입니다. 그리고 모세의 이 기도는 우리를 깊은 묵상으로 이끕니다.

Praying through the Bible

3

《일년일독 통독성경》 제88일

한나
기도와 묵상

1,000년 전 아브라함의 아내 사라의 이야기를 모두 알고,
500년 전 제사장 나라의 나실인법을 알고 있으면서
하나님께 아들을 구하는 한나의 기도

"한나가 마음이 괴로워서
여호와께 기도하고 통곡하며 서원하여 이르되
만군의 여호와여 만일 주의 여종의 고통을 돌보시고
나를 기억하사 주의 여종을 잊지 아니하시고
주의 여종에게 아들을 주시면
내가 그의 평생에 그를 여호와께 드리고
삭도를 그의 머리에 대지 아니하겠나이다"(삼상 1:10-11).

한 여인이 여호와의 전에서 기도하고 있는데 그 여인은 심상치 않아 보였습니다.

그 여인은 제사장 엘리가 보기에 상당히 오랜 시간 동안 기도하고 있는 것으로 보였는데, 자세히 살펴보니 입술만 움직이고 음성은 들리지 않았으며 마치 술 취한 여인으로 착각이 들 정도로 보통 사람들과 다르게 기도를 하고 있었습니다.

참다못한 제사장 엘리가 그 여인을 나무랐습니다. 여호와의 전에서 술에 취해 그렇게 오랜 시간 술주정 같은 것을 하면 안 된다는 매우 도덕적인 훈계를 늘어놓은 것입니다.

이에 한나는 제사장 엘리에게 자기의 부끄러운 상황과 슬픈 마음 상태를 털어놓습니다.

그러자 제사장 엘리가 하나님께서 그녀가 구한 기도를 허락하시기를 자신도 원한다고 말했습니다. 제사장 엘리의 말을 듣고 한나는 믿음을 가지고 집으로 돌아가 다시는 슬픈 기색을 하지 않았습니다.

"엘리가 대답하여 이르되
평안히 가라 이스라엘의 하나님이 네가 기도하여
구한 것을 허락하시기를 원하노라 하니
이르되 당신의 여종이 당신께
은혜 입기를 원하나이다 하고
가서 먹고 얼굴에 다시는 근심 빛이 없더라"
(삼상 1:17-18).

드디어 기적이 일어났습니다. 오랜 세월 불임으로 고통받아 왔던 한나의 태를 하나님께서 열어주셔서 그녀로 하여금 임신케 하시고 해산케 하신 것입니다. 사무엘의 이름은 '내가 하나님께 그를 구하였다.' 라는 뜻입니다.

하나님께 구했더니 응답을 받았다는 것입니다. 그렇다면 한나는 어떻게 하나님께 기도하여 불임을 이기고 아들을 얻는 기적을 체험하게 되었을까요?

우리는 한나의 기도 속에서 답을 찾을 수 있습니다. 한나의 기도는 보통 평범한 주부의 기도를 뛰어넘습니다. 그녀는 자신이 불임임을 알고도 하나님께 아들을 달라는 기도를 했습니다. 또한 더 나아가 한나는 아들을 주시면 그 아들을 나실인법에 의해 나실인으로 살게 하겠다고 하나님께 서원을 했습니다.

그렇다면 한나는 자신이 불임임을 알았으면서도 어떻게 하나님께 아들을 달라는 기도를 드릴 수 있었을까요?

그저 막무가내로 자신이 원하는 것을 하나님께 요구했던 것일까요?

결코 그렇지 않습니다. 한나는 태를 여시는 분이 하나님이심을 성경을 통해 배워 알고 있었던 것입니다. 한나보다 850여 년 전에 아브라함의 아내 사라가 불임이었다가 하나님께서 태를 열어 아들 이삭을 주셨다는 것이 성경의 기록입니다.

아브라함의 아내 사라의 상태는 한나보다 훨씬 더 안 좋은 상태였습니다. 그럼에도 불구하고 자식을 주시는 분은 하늘의 하나님이시라는 사실을 창세기의 기록을 통해 배운 한나가 그 사실을 기억하여 자신에게도 사라와 같은 일이 일어날 수 있게 해달라고 하나님께 기도한 것입니다.

"그가 이르시되
내년 이맘때 내가 반드시 네게로 돌아오리니
네 아내 사라에게 아들이 있으리라 하시니
사라가 그 뒤 장막 문에서 들었더라
아브라함과 사라는 나이가 많아 늙었고
사라에게는 여성의 생리가 끊어졌는지라
사라가 속으로 웃고 이르되 내가 노쇠하였고
내 주인도 늙었으니 내게 무슨 즐거움이 있으리요
여호와께서 아브라함에게 이르시되
사라가 왜 웃으며 이르기를
내가 늙었거늘 어떻게 아들을 낳으리요 하느냐
여호와께 능하지 못한 일이 있겠느냐
기한이 이를 때에 내가 네게로 돌아오리니
사라에게 아들이 있으리라" (창 18:10-14).

"사라가 임신하고 하나님이 말씀하신 시기가 되어

노년의 아브라함에게 아들을 낳으니"(창 21:2).

"아브라함이 그의 아들 이삭이
그에게 태어날 때에 백 세라
사라가 이르되
하나님이 나를 웃게 하시니
듣는 자가 다 나와 함께 웃으리로다
또 이르되 사라가 자식들을 젖먹이겠다고
누가 아브라함에게 말하였으리요마는
아브라함의 노경에 내가 아들을 낳았도다 하니라"
(창 21:5-7).

믿음을 가진다는 것은 기적입니다. 그만큼 어려운 일입니다. 예수님의 말씀대로 겨자씨만한 믿음을 가지는 것도 생각 이상으로 쉽지 않습니다. 믿음이 없는 사람은 하나님의 말씀인 성경을 다 읽고도 성경을 믿지 않습니다.

믿음이 없이는 하나님을 기쁘게 해드리지 못할뿐더러 어떤 기적도 일어나지 않습니다.

한나는 창세기에 기록된 아브라함의 아내 사라 이야기를 듣고, 알고, 믿었기에 하나님께서 자신에게 아들을 줄 수 있는 분이시라 믿고 기도했습니다. 그러자 하나님께서 그 믿음을 보시고 그녀에게 아들을 주셨습니다.

또한 한나의 기도는 매우 특별한 서원 기도였고, 출애굽한 이스라엘이 광야에서 하나님께 받은 제사장 나라 법 가운데 한 법인 나실인법에 대한 정확한 이해를 가지고 하는 기도였습니다. 사라의 예가 한나 이전 850여 년 전 사건이었다면, 나실인법은 한나 이전 약 400년 전의 사건입니다. 이 모든 성경 지식을 한나가 알고, 믿고 있었던 것입니다. 하나님께서는 광야에서 모세를 통해 이스라엘에게 십계명을 비롯한 율법을 주셨습니다.

이후에 랍비들에 의해 정리된 것에 의하면, 모세5경의 율법은 긍정 명령 248개와 부정 명령 365개를 합쳐 613개로 정리됩니다. 모세5경을 통해 율법들을 자세히 살펴보면 그 가운데 한 항목이 나실인법이었습니다. 그런데 출애굽한 이스라엘 백성들이 가나안 땅을 차지하고 살게 되면서 300여 년 이상의 세월을 지나는 동안 사사 시대를 보내며 나실인법을 비롯한 613개 조항의 율법들이 잘 지켜지지 않고 있었던 것입니다.

그런데 한나가 자신에게 아들을 주시면 그 아들을 제사장 나라의 나실인법에 따라 나실인으로 키워내겠다고 하나님께 서원을 했습니다. 한나의 기도는 하나님 없이 각자 자기 소견에 옳은 대로 살았던 사사 시대 350년의 고리를 끊는 역사적인 기도였습니다.

"여호와께서 모세에게 말씀하여 이르시되
이스라엘 자손에게 전하여 그들에게 이르라
남자나 여자가 특별한 서원 곧 나실인의 서원을 하고
자기 몸을 구별하여 여호와께 드리려고 하면
포도주와 독주를 멀리하며
포도주로 된 초나 독주로 된 초를 마시지 말며
포도즙도 마시지 말며 생포도나 건포도도 먹지 말지니
자기 몸을 구별하는 모든 날 동안에는
포도나무 소산은 씨나 껍질이라도 먹지 말지며
그 서원을 하고 구별하는 모든 날 동안은

삭도를 절대로 그의 머리에 대지 말 것이라
자기 몸을 구별하여 여호와께 드리는 날이 차기까지
그는 거룩한즉 그의 머리털을 길게 자라게 할 것이며
자기의 몸을 구별하여 여호와께 드리는 모든 날 동안은
시체를 가까이 하지 말 것이요"(민 6:1-6).

하나님께서 이 여인의 기도에 어떻게 응답하지 않으실 수 있겠습니까?

하나님께 통하는 기도는 이처럼 성경을 통한 기도입니다. 성경 이야기를 알고, 하나님이 어떤 분이신지를 알고, 하나님께서 무엇을 하고 싶어 하시는지를 알고, 하나님의 사람들이 어떻게 기도했는지를 알고 기도해야 하나님의 마음을 움직이는 기도를 하나님께 드릴 수 있습니다.

그러면 놀랍게도 매일 묵상하며 기도할 수 있습니다. 그리고 놀랍게 날마다 믿음이 자라게 됩니다. 믿음이 자라면, 우리는 하나님을 기쁘시게 할 수 있고 이 땅을 살아가는 동안에도 하나님 나라를 살아갈 수 있습니다.

하나님 나라는 죽어서만 가는 나라가 아닙니다. 하나님 나라는 지금 이 역사 속에서 하나님의 통치가 이루어지는 나라입니다. 우리 그리스도인들은 이 세상을 사는 동안 하나님 나라를 살아가고, 또 죽어서도 하나님과 함께 영원히 하나님 나라를 살아갈 천국 백성들입니다.

Praying through the Bible

4

《일년일독 통독성경》 제143 일

다윗
기도와 묵상

500년 전 모세가 쓴 다섯 권의 책인
〈모세5경〉을 입에서 떠나지 않게 하고, 주야로 묵상하며,
그 율법을 다 지켜 행하면서 지금, 순금보다 더 사모할
제사장 나라를 만들려고 헌신을 다짐하는 다윗의 기도

"여호와의 율법은 완전하여 영혼을 소성시키며
여호와의 증거는 확실하여 우둔한 자를 지혜롭게 하며
여호와의 교훈은 정직하여 마음을 기쁘게 하고
여호와의 계명은 순결하여 눈을 밝게 하시도다
여호와를 경외하는 도는 정결하여 영원까지 이르고
여호와의 법도 진실하여 다 의로우니
금 곧 많은 순금보다 더 사모할 것이며

꿀과 송이꿀보다 더 달도다”(시 19:7-10).

기도와 묵상을 이야기할 때 세상에서 어느 누가 다윗을 뛰어넘을 수 있을까요? 하나님께서 ‘다윗의 길’이라고 명명해주실 정도로 다윗은 하나님께서 원하시는 올곧은 길로 나아가는 인생을 살았고, 하나님을 묵상하는 많은 시편을 남겨 오늘을 사는 우리에게도 큰 영향을 주고 있습니다.

다윗은 어린 목동 시절부터 하나님께 기도하며 하나님의 말씀을 묵상했는데, 삶을 사는 동안 그 아름다운 습관을 끝까지 지키며 모범을 보여주었습니다.

“여호와는 나의 목자시니 내게 부족함이 없으리로다
그가 나를 푸른 풀밭에 누이시며
쉴 만한 물 가로 인도하시는도다
내 영혼을 소생시키시고
자기 이름을 위하여 의의 길로 인도하시는도다
내가 사망의 음침한 골짜기로 다닐지라도
해를 두려워하지 않을 것은

주께서 나와 함께 하심이라
주의 지팡이와 막대기가 나를 안위하시나이다
주께서 내 원수의 목전에서 내게 상을 차려 주시고
기름을 내 머리에 부으셨으니
내 잔이 넘치나이다
내 평생에 선하심과 인자하심이 반드시 나를 따르리니
내가 여호와의 집에 영원히 살리로다"(시 23:1-6).

다윗은 사울을 피해 블레셋으로 망명해야만 하는 곤경에 처한 적도 있었습니다. 오죽 절박하면 사울의 칼끝을 피해 자신이 죽인 골리앗의 나라 블레셋으로까지 도망을 했겠습니까?

그런데 블레셋에서 다윗이 골리앗을 죽인 사람이라는 사실이 밝혀지고 말았습니다. 그러자 다윗은 살기 위해 미친 척을 해야만 했습니다. 대체로 왕은 자신의 체면을 위해 최소한 미친 사람을 죽이는 일은 하지 않는다는 것을 다윗이 알고 있었던 것입니다.

다윗은 죽을 힘을 다해 미친 척을 했습니다. 심지어 침을 수

염에 흘리기까지 하며 누가 봐도 미친 사람이라고 여길 정도로 완벽하게 미친 척을 했습니다. 그러자 블레셋 왕으로부터 "저거 치워라."하는 명령이 떨어졌습니다. 정말 민망하게 목숨을 건진 것입니다. 보통 사람 같으면 상한 자존심 때문에 그때 미쳐버릴 수도 있었을 것입니다.

그런데 그 상황에서도 다윗은 하나님께 기도하고 하나님을 묵상했습니다. 자신의 그 부끄러운 모습을 하나님께서 모두 다 지켜보셨을 것이고, 자신의 마음을 하나님께서 더 잘 헤아리셨을 것이라는 믿음이 있었습니다.

하나님께서 자신의 모습을 보시고 안쓰러워하셨을 것을 알고 다윗은 하나님 앞에 더 씩씩하게 속 깊은 모습을 보여드립니다. 다윗이 블레셋 왕 앞에서 미친 척하고 겨우 살아 나와서 하나님 앞에 기도했던 그 기도가 성경에 기록되어 있습니다.

"내가 여호와를 항상 송축함이여
내 입술로 항상 주를 찬양하리이다
내 영혼이 여호와를 자랑하리니

곤고한 자들이 이를 듣고 기뻐하리로다
나와 함께 여호와를 광대하시다 하며
함께 그의 이름을 높이세
내가 여호와께 간구하매 내게 응답하시고
내 모든 두려움에서 나를 건지셨도다
그들이 주를 앙망하고 광채를 내었으니
그들의 얼굴은 부끄럽지 아니하리로다
이 곤고한 자가 부르짖으매
여호와께서 들으시고 그의 모든 환난에서 구원하셨도다
여호와의 천사가 주를 경외하는 자를 둘러 진 치고
그들을 건지시는도다
너희는 여호와의 선하심을 맛보아 알지어다
그에게 피하는 자는 복이 있도다
너희 성도들아 여호와를 경외하라
그를 경외하는 자에게는 부족함이 없도다
젊은 사자는 궁핍하여 주릴지라도
여호와를 찾는 자는 모든 좋은 것에 부족함이 없으리로다
너희 자녀들아 와서 내 말을 들으라
내가 여호와를 경외하는 법을 너희에게 가르치리로다

생명을 사모하고 연수를 사랑하여
복 받기를 원하는 사람이 누구뇨
네 혀를 악에서 금하며 네 입술을 거짓말에서 금할지어다
악을 버리고 선을 행하며 화평을 찾아 따를지어다
여호와의 눈은 의인을 향하시고
그의 귀는 그들의 부르짖음에 기울이시는도다
여호와의 얼굴은 악을 행하는 자를 향하사
그들의 자취를 땅에서 끊으려 하시는도다
의인이 부르짖으매 여호와께서 들으시고
그들의 모든 환난에서 건지셨도다
여호와는 마음이 상한 자를 가까이 하시고
충심으로 통회하는 자를 구원하시는도다
의인은 고난이 많으나
여호와께서 그의 모든 고난에서 건지시는도다
그의 모든 뼈를 보호하심이여
그 중에서 하나도 꺾이지 아니하도다
악이 악인을 죽일 것이라
의인을 미워하는 자는 벌을 받으리로다
여호와께서 그의 종들의 영혼을 속량하시나니

그에게 피하는 자는 다 벌을 받지 아니하리로다"
(시 34:1-22).

하나님께서 다윗의 이 기도를 들으시고 얼마나 행복하고 기쁘셨을까요? 여름날 시원한 얼음냉수 같은 기도를 들으신 하나님께서 얼마나 좋으셨을까요?

하나님께서 성경에 다윗의 이 기도를 기록하게 하신 이유는 오고 오는 세대들이 이 기도를 배워 따라 하기를 원해서 그러셨을 것이라 생각됩니다. 살아가면서 단 한 번만이라도 하나님을 다윗처럼 이렇게 온전하게 기쁘시게 해드린 적이 있는지 깊이 생각해보아야 할 것입니다.

다윗의 기도처럼 젊은 사자는 혹시 궁핍하여 주리는 일이 있을지언정 하나님을 믿는 믿음으로 사는 사람은 모든 것에 결코 부족함이 없습니다. 다윗은 평생 이 믿음으로 삶을 살았고, 그래서 하나님을 기쁘시게 해드리며 살았습니다.

다윗은 도덕적으로 혹은 윤리적으로 완벽한 삶을 살지는 못

했습니다. 하지만 그는 하나님 앞에 늘 성실했습니다. 잘못했을 때에 자신의 잘못을 하나님 앞에 내어놓고 용서를 구하는 기도를 드렸습니다.

이것이 하나님께서 원하시는 기도입니다. 성경은 도덕적으로, 그리고 윤리적으로 세상에 모범을 보이며 살라고 가르치지 않습니다. 그렇다고 함부로 아무렇게나 막 살라는 것이 아닙니다.

살다보면 자신도 모르는 사이에 죄를 짓는 경우도 있고, 알면서도 죄를 짓는 경우가 부지기수로 있습니다. 그러나 그럴 때에 하나님의 곁을 떠날 것이 아니라, 다시 하나님 앞에 나와 죄를 자복하고 용서를 구하라는 것이 하나님의 요구입니다. 다윗은 그 하나님의 요구를 정확하게 알고 있었습니다.

어떻게요? 바로 성경을 통해서입니다.

다윗은 성경 속 하나님의 사람들을 통해서 하나님에 대해 알고, 하나님의 마음을 헤아렸기에 하나님께서 원하시는 것을 알게 되었고, 그대로 실천하며 살았습니다.

때문에 하나님에 대해 아는 것은 너무나 중요한 일입니다. 호세아 선지자는 하나님에 대해 알면 그 하나님의 사랑에 놀라지 않을 자가 아무도 없다고 성경을 통해 증언하고 있습니다. 그래서 '힘써 하나님에 대해 알자.'라고 그렇게 목 놓아 외쳤던 것입니다.

"오라 우리가 여호와께로 돌아가자
여호와께서 우리를 찢으셨으나 도로 낫게 하실 것이요
우리를 치셨으나 싸매어 주실 것임이라
여호와께서 이틀 후에 우리를 살리시며
셋째 날에 우리를 일으키시리니
우리가 그의 앞에서 살리라
그러므로 우리가 여호와를 알자 힘써 여호와를 알자
그의 나타나심은 새벽 빛 같이 어김없나니
비와 같이, 땅을 적시는 늦은 비와 같이
우리에게 임하시리라 하니라"(호 6:1-3).

하나님을 아는 지식이 가장 중요하고 고상한 지식입니다. 다윗이 그의 평생에 걸쳐 하나님께 기도하고 하나님을 묵상하며 살 수 있었던 비결 중의 비결은 바로 하나님에 대해 바르게 알고 있었던 것입니다.

하나님께서는 하나님의 말씀인 성경에 다윗의 기도와 묵상을 너무나도 많이, 심지어 넘치도록 충분히 기록해서 우리에게 주셨습니다. 그 이유는 우리도 다윗처럼 기도하고 묵상하기를 원하시기 때문입니다.

다음은 하나님께서 기뻐하셨던 다윗의 대표적인 기도와 묵상들입니다.

"복 있는 사람은 악인들의 꾀를 따르지 아니하며
죄인들의 길에 서지 아니하며
오만한 자들의 자리에 앉지 아니하고
오직 여호와의 율법을 즐거워하여
그의 율법을 주야로 묵상하는도다
그는 시냇가에 심은 나무가 철을 따라 열매를 맺으며

그 잎사귀가 마르지 아니함 같으니
그가 하는 모든 일이 다 형통하리로다
악인들은 그렇지 아니함이여
오직 바람에 나는 겨와 같도다
그러므로 악인들은 심판을 견디지 못하며
죄인들이 의인들의 모임에 들지 못하리로다
무릇 의인들의 길은 여호와께서 인정하시나
악인들의 길은 망하리로다"(시 1:1-6).

"여호와 우리 주여
주의 이름이 온 땅에 어찌 그리 아름다운지요
주의 영광이 하늘을 덮었나이다
주의 대적으로 말미암아 어린 아이들과
젖먹이들의 입으로 권능을 세우심이여
이는 원수들과 보복자들을 잠잠하게 하려 하심이니이다
주의 손가락으로 만드신 주의 하늘과
주께서 베풀어 두신 달과 별들을 내가 보오니
사람이 무엇이기에 주께서 그를 생각하시며
인자가 무엇이기에 주께서 그를 돌보시나이까

그를 하나님보다 조금 못하게 하시고
영화와 존귀로 관을 씌우셨나이다
주의 손으로 만드신 것을 다스리게 하시고
만물을 그의 발 아래 두셨으니
곧 모든 소와 양과 들짐승이며 공중의 새와
바다의 물고기와 바닷길에 다니는 것이니이다
여호와 우리 주여
주의 이름이 온 땅에 어찌 그리 아름다운지요"(시 8:1-9).

"나의 힘이신 여호와여 내가 주를 사랑하나이다
여호와는 나의 반석이시요
나의 요새시요 나를 건지시는 이시요
나의 하나님이시요 내가 그 안에 피할 나의 바위시요
나의 방패시요 나의 구원의 뿔이시요 나의 산성이시로다
내가 찬송 받으실 여호와께 아뢰리니
내 원수들에게서 구원을 얻으리로다"(시 18:1-3).

"나의 반석이시요 나의 구속자이신 여호와여
내 입의 말과 마음의 묵상이

주님 앞에 열납되기를 원하나이다"(시 19:14).

"하나님이여 내 속에 정한 마음을 창조하시고
내 안에 정직한 영을 새롭게 하소서
나를 주 앞에서 쫓아내지 마시며
주의 성령을 내게서 거두지 마소서
주의 구원의 즐거움을 내게 회복시켜 주시고
자원하는 심령을 주사 나를 붙드소서
그리하면 내가 범죄자에게 주의 도를 가르치리니
죄인들이 주께 돌아오리이다
하나님이여 나의 구원의 하나님이여
피 흘린 죄에서 나를 건지소서
내 혀가 주의 의를 높이 노래하리이다
주여 내 입술을 열어 주소서
내 입이 주를 찬송하여 전파하리이다
주께서는 제사를 기뻐하지 아니하시나니
그렇지 아니하면 내가 드렸을 것이라
주는 번제를 기뻐하지 아니하시나이다
하나님께서 구하시는 제사는 상한 심령이라

하나님이여 상하고 통회하는 마음을
주께서 멸시하지 아니하시리이다"(시 51:10-17).

"나의 유리함을 주께서 계수하셨사오니
나의 눈물을 주의 병에 담으소서
이것이 주의 책에 기록되지 아니하였나이까
내가 아뢰는 날에 내 원수들이 물러가리니
이것으로 하나님이 내 편이심을 내가 아나이다
내가 하나님을 의지하여 그의 말씀을 찬송하며
여호와를 의지하여 그의 말씀을 찬송하리이다
내가 하나님을 의지하였은즉 두려워하지 아니하리니
사람이 내게 어찌하리이까
하나님이여 내가 주께 서원함이 있사온즉
내가 감사제를 주께 드리리니
주께서 내 생명을 사망에서 건지셨음이라
주께서 나로 하나님 앞, 생명의 빛에 다니게 하시려고
실족하지 아니하게 하지 아니하셨나이까"(시 56:8-13).

"하나님이여

내 마음이 확정되었고 내 마음이 확정되었사오니
내가 노래하고 내가 찬송하리이다
내 영광아 깰지어다 비파야, 수금아, 깰지어다
내가 새벽을 깨우리로다
주여 내가 만민 중에서 주께 감사하오며
뭇 나라 중에서 주를 찬송하리이다
무릇 주의 인자는 커서 하늘에 미치고
주의 진리는 궁창에 이르나이다
하나님이여 주는 하늘 위에 높이 들리시며
주의 영광이 온 세계 위에 높아지기를 원하나이다"
(시 57:7-11).

"하나님이여
내 마음을 정하였사오니 내가 노래하며
나의 마음을 다하여 찬양하리로다
비파야, 수금아, 깰지어다 내가 새벽을 깨우리로다
여호와여 내가 만민 중에서 주께 감사하고
뭇 나라 중에서 주를 찬양하오리니
주의 인자하심이 하늘보다 높으시며

주의 진실은 궁창에까지 이르나이다
하나님이여 주는 하늘 위에 높이 들리시며
주의 영광이 온 땅에서
높임 받으시기를 원하나이다"(시 108:1-5).

"왕이신 나의 하나님이여
내가 주를 높이고 영원히 주의 이름을 송축하리이다
내가 날마다 주를 송축하며 영원히
주의 이름을 송축하리이다
여호와는 위대하시니 크게 찬양할 것이라
그의 위대하심을 측량하지 못하리로다
대대로 주께서 행하시는 일을 크게 찬양하며
주의 능한 일을 선포하리로다
주의 존귀하고 영광스러운 위엄과 주의 기이한 일들을
나는 작은 소리로 읊조리리이다
사람들은 주의 두려운 일의 권능을 말할 것이요
나도 주의 위대하심을 선포하리이다
그들이 주의 크신 은혜를 기념하여 말하며
주의 의를 노래하리이다

여호와는 은혜로우시며 긍휼이 많으시며
노하기를 더디 하시며 인자하심이 크시도다"(시 145:1-8).

이렇게 늘 하나님을 찬양하고, 언제나 하나님을 의지하고, 평생토록 하나님을 믿는 믿음으로 살았던 다윗의 기도와 묵상이 오늘을 사는 우리의 기도와 묵상이 되어야 할 것입니다.

Praying through the Bible

5

《일년일독 통독성경》 제115일

솔로몬
기도와 묵상

500년 전의 출애굽 이야기를 바탕으로
당시 예루살렘 성전의 낙성식을 거행하며, 예루살렘 성전이
'모든 민족'을 위한 곳, 제사장 나라의 센터가 되게 해달라고
하나님께 간구하는 솔로몬의 기도

"주는 계신 곳 하늘에서 그들의 기도와 간구를 들으시고
그들의 일을 돌아보시오며
주께 범죄한 백성을 용서하시며
주께 범한 그 모든 허물을 사하시고
그들을 사로잡아 간 자 앞에서
그들로 불쌍히 여김을 얻게 하사
그 사람들로 그들을 불쌍히 여기게 하옵소서
그들은 주께서 철 풀무 같은 애굽에서 인도하여 내신

주의 백성, 주의 소유가 됨이니이다
원하건대 주는 눈을 들어 종의 간구함과
주의 백성 이스라엘의 간구함을 보시고
주께 부르짖는 대로 들으시옵소서
주 여호와여
주께서 우리 조상을 애굽에서 인도하여 내실 때에
주의 종 모세를 통하여 말씀하심 같이
주께서 세상 만민 가운데에서 그들을 구별하여
주의 기업으로 삼으셨나이다

솔로몬이 무릎을 꿇고 손을 펴서 하늘을 향하여
이 기도와 간구로 여호와께 아뢰기를 마치고
여호와의 제단 앞에서 일어나"(왕상 8:49-54).

다윗의 아들 솔로몬이 예루살렘 성전 건축을 마치고 성전 낙성식을 통해 하늘의 하나님께 기도합니다. 솔로몬의 기도 또한 하나님의 사람들처럼 '성경을 통한 기도' 입니다.

성경 이야기를 알고 하나님께 기도를 드린 것입니다. 솔로몬의 기도는 하늘의 하나님을 기쁘시게 한 기도였습니다.

솔로몬이 7년에 걸친 예루살렘 성전 건축의 대역사(大役事)를 마치고 하늘의 하나님께 기도하면서 자신과 자신의 민족 이스라엘은 원래 애굽의 종이었던 자들이었음을 드러내고 있습니다.

하나님께서 이스라엘을 구원하여 주셔서 애굽에서 이끌어내 주셨으며, 그 덕분에 자신들의 오늘이 있을 수 있다는 감사와 감격을 담아 기도했습니다. 솔로몬 당시 이스라엘은 고대 근동에서 가장 강력한 나라였고, 모두가 부러워하는 강대국이었습니다.

때문에 예루살렘 성전을 건축하고 나서 굳이 과거의 껄끄럽고 감추고 싶은 역사인 애굽의 노예 시절 이야기를 꺼내지 않아도 될 상황이었습니다. 그런데 솔로몬이 일부러 과거 이스라엘 백성들이 애굽에서 노예 생활을 했었다는 사실을 잔칫날 같은 성전 낙성식에서 환기시킨 것입니다.

그렇다면 솔로몬은 그렇게 좋은 날, 더군다나 온 이스라엘 백성들이 다 모인 자리에서 성전 낙성식 기도를 드리면서 왜 이스라엘이 과거 애굽의 종이었다는 사실을 일부러 드러내며 기도를 드렸을까요?

이는 지혜로운 솔로몬이 하나님께 통하는 기도를 드리고자 했기 때문입니다. 하나님께서는 광야에서 이스라엘 백성들에게 십계명을 주시기 전 하나님 자신을 소개하실 때에 '나는 너를 애굽 땅, 종 되었던 집에서 인도하여 낸 너희 하나님이다.' 라고 표현하셨습니다.

그 하나님에 대해 잊지 않고 살고 있노라고 솔로몬이 기도를 통해 하나님께 아뢴 것입니다. 하나님께서 이스라엘이 과거 애굽에서 종이었다는 것을 잊지 말라고 하신 이유는 이스라엘을 부끄럽게 하거나 괴롭히고자 함이 아닙니다.

하나님께서는 이스라엘이 애굽에서 종이었던 사실을 잊지 말고 가난한 자들과 고아와 과부와 나그네를 위하는 삶을 살기 원하셨습니다. 그것이 제사장 나라의 사명이기 때문입니다.

"하나님이 이 모든 말씀으로 말씀하여 이르시되
나는 너를 애굽 땅, 종 되었던 집에서 인도하여 낸
네 하나님 여호와니라"(출 20:1-2).

솔로몬은 그의 기도를 통해 자신들의 잘못을 용서해주시고 끝까지 이스라엘이 제사장 나라의 사명을 잘 감당하게 해달라고 하나님께 기도하고 있습니다. 하나님께서 이 기도를 들으시고 얼마나 기뻐하셨겠습니까?

솔로몬은 연이어 그의 아버지 다윗이 늘 하나님께 했던 기도를 배워서 따라 합니다. '여호와를 찬송하자.', '하나님께서 주신 계명을 지키자.' 이는 솔로몬의 아버지 다윗이 입에 달고 살았던 말입니다.

이렇게 각 가정에서 부모가 성경대로 기도하고 자녀들이 부모의 기도 언어를 배워 따라 해야 합니다. 이것이 하나님께서 원하시는 그리스도인의 가정입니다.

"솔로몬이 무릎을 꿇고 손을 펴서 하늘을 향하여

이 기도와 간구로 여호와께 아뢰기를 마치고
여호와의 제단 앞에서 일어나 서서 큰 소리로
이스라엘의 온 회중을 위하여 축복하며 이르되
여호와를 찬송할지로다
그가 말씀하신 대로
그의 백성 이스라엘에게 태평을 주셨으니
그 종 모세를 통하여 무릇 말씀하신
그 모든 좋은 약속이 하나도 이루어지지 아니함이 없도다
우리 하나님 여호와께서
우리 조상들과 함께 계시던 것 같이
우리와 함께 계시옵고
우리를 떠나지 마시오며 버리지 마시옵고
우리의 마음을 주께로 향하여
그의 모든 길로 행하게 하시오며
우리 조상들에게 명령하신 계명과 법도와 율례를
지키게 하시기를 원하오며
여호와 앞에서 내가 간구한 이 말씀이 주야로
우리 하나님 여호와께 가까이 있게 하시옵고
또 주의 종의 일과 주의 백성 이스라엘의 일을

날마다 필요한 대로 돌아보사
이에 세상 만민에게 여호와께서만 하나님이시고
그 외에는 없는 줄을 알게 하시기를 원하노라
그런즉 너희의 마음을 우리 하나님 여호와께
온전히 바쳐 완전하게 하여
오늘과 같이 그의 법도를 행하며
그의 계명을 지킬지어다"(왕상 8:54-61).

모세가 만나세대에게 마지막으로 당부한 것은 '네 자녀에게 가르치라.' 입니다. 모든 부모들이 자기 자녀들에게 가르쳐야 하는 과목은 다름 아닌 '성경' 입니다. 성경을 듣고 읽어서 하나님에 대해 알고, 하나님께 기도하며, 하나님을 묵상하는 삶을 살라고 했습니다.

그러면 자녀들이 세상을 사는 동안 건강하게 오래 살며 복을 누리게 될 것이라고 가르쳐주었습니다. 부모가 자녀에게 줄 수 있는 가장 큰 선물이 무엇인지를 가르쳐준 것입니다. 솔로몬은 다윗의 아들이었기에 이미 큰 선물을 받으며 세상에 태어났습니다.

솔로몬은 자라는 동안 아버지 다윗에게 하나님에 대해 배웠으며, 아버지가 세상을 떠나는 순간에도 유언을 통해 하나님의 말씀대로 살라는 당부를 들었습니다.

"다윗이 죽을 날이 임박하매
그의 아들 솔로몬에게 명령하여 이르되
내가 이제 세상 모든 사람이 가는 길로 가게 되었노니
너는 힘써 대장부가 되고
네 하나님 여호와의 명령을 지켜 그 길로 행하여
그 법률과 계명과 율례와 증거를
모세의 율법에 기록된 대로 지키라
그리하면 네가 무엇을 하든지 어디로 가든지 형통할지라
여호와께서 내 일에 대하여 말씀하시기를
만일 네 자손들이 그들의 길을
삼가 마음을 다하고 성품을 다하여
진실히 내 앞에서 행하면
이스라엘 왕위에 오를 사람이
네게서 끊어지지 아니하리라
하신 말씀을 확실히 이루게 하시리라"(왕상 2:1-4).

이제 솔로몬의 스승, 나단 선지자에 대해 잠깐 살펴보겠습니다. 솔로몬의 아버지 다윗이 평생에 가장 껄끄러웠던 사람을 꼽으라면 아마 나단 선지자였을 것입니다.

다윗이 감추고 싶었던 모든 것을 낱낱이 다 알고, 이를 정면으로 지적했던 사람이 바로 나단 선지자였기 때문입니다. 그런데 다윗은 그 나단을 자기 아들 솔로몬의 스승이 되게 했습니다. 세상에 이보다 더 훌륭한 아버지가 또 어디 있겠습니까? 70세 아버지에게 20살 아들은 사실 젖먹이에 불과합니다. 그런데 다윗은 20살 아들에게 그 큰 나라를 물려주면서 걱정이 없었습니다.

그 아들이 잘해낼 것이라 믿었기 때문입니다. 첫째는 하나님께서 아들을 지켜주실 것이고, 둘째는 나단 선지자가 솔로몬의 브레이크가 되어줄 것을 믿었기 때문입니다. 마치 나단 선지자가 자신에게 했던 것처럼 말입니다.

"밧세바가 왕과 말할 때에 선지자 나단이 들어온지라
어떤 사람이 왕께 말하여 이르되

선지자 나단이 여기 있나이다 하니
그가 왕 앞에 들어와서
얼굴을 땅에 대고 왕께 절하고"(왕상 1:22-23).

"다윗 왕이 이르되
제사장 사독과 선지자 나단과
여호야다의 아들 브나야를
내 앞으로 부르라 하니
그들이 왕 앞에 이른지라
왕이 그들에게 이르되
너희는 너희 주의 신하들을 데리고
내 아들 솔로몬을 내 노새에 태우고
기혼으로 인도하여 내려가고
거기서 제사장 사독과 선지자 나단은
그에게 기름을 부어 이스라엘 왕으로 삼고
너희는 뿔나팔을 불며 솔로몬 왕은
만세수를 하옵소서 하고
그를 따라 올라오라 그가 와서 내 왕위에 앉아
나를 대신하여 왕이 되리라

내가 그를 세워 이스라엘과 유다의 통치자로
지명하였느니라"(왕상 1:32-35).

훌륭한 스승을 안겨주는 아버지, 성경적 유언을 하는 아버지, 그리고 그 아버지의 유언대로 인생을 살아가는 아들의 삶이 얼마나 아름답습니까?

물론 솔로몬이 그의 인생 후반기에 하나님으로부터 마음이 떠나 안타까운 인생을 살았노라고 후회와 회한 가득한 전도서를 남기기는 했지만, 그럼에도 불구하고 솔로몬의 성전 낙성식 기도는 성경에 기록되어 오늘 우리에게 기도의 좋은 모범이 되고 있습니다.

솔로몬의 성전 낙성식 기도는 후에 예수님께서도 예루살렘 성전에 가셔서 '내 집은 만민이 기도하는 집이라 일컬음을 받았다.' 라고 인용하실 정도였으니 말입니다.

"그들에게 이르시되 기록된 바 내 집은 기도하는 집이라 일컬음을 받으리라 하였거늘 너희는 강도의 소굴을 만드는도다 하시니라"(마 21:13).

하나님을 기쁘시게 하는 기도, 그리고 하나님과 통하는 기도는 성경 이야기를 알고, 믿고, 순종하며 하늘의 하나님께 드리는 기도입니다.

솔로몬의 기도는 출애굽의 역사를 기반으로 하나님이 어떤 분이신지를 정확하게 알고 '애굽에서 종 되었던 우리를 구원해주신 하나님'께 올린 하나님과 통(通)하는 기도였습니다.

우리의 기도 또한 하나님을 기쁘시게 하는 기도여야 합니다. 그리고 하나님을 알고, 하나님을 믿으며, 하나님의 말씀에 더 순종하기 위한 기도여야 합니다. 그러면 우리의 형편을 이미 다 아시는 하나님께서 우리의 기도를 들으시고 영광 받으시며, 더불어 우리에게 필요한 모든 것을 채워주십니다.

이것이 하나님과 통(通)하는 기도, 하나님을 깊이 만나는 묵상입니다.

Praying through the Bible

6

《일년일독 통독성경》 제220일

예레미야
기도와 묵상

900년 전 기록된 레위기를 알고, 300년 전 솔로몬의 성전 낙성식의 기도와
그 기도의 의미를 알고 있는 예레미야가
바벨론 군인들에 의해 불타버린 예루살렘 성전을 바라보며
절망 속에서도 소망을 찾는 기도

"슬프다 이 성이여 전에는 사람들이 많더니
이제는 어찌 그리 적막하게 앉았는고
전에는 열국 중에 크던 자가 이제는 과부 같이 되었고
전에는 열방 중에 공주였던 자가
이제는 강제 노동을 하는 자가 되었도다"(애 1:1).

예레미야는 그의 책 서두에 자신은 제사장 힐기야의 아들이라고 밝히며 그가 하나님께 받은 사명과 그의 기도를 기록하

고 있습니다.

"베냐민 땅 아나돗의 제사장들 중
힐기야의 아들 예레미야의 말이라"(렘 1:1).

예레미야는 남유다 말기에 제사장의 아들로 태어나 하나님의 명령으로 남유다의 멸망을 예언해야 하는 사명을 받았습니다. 왜냐하면 북이스라엘이 멸망한 후 남유다에게 150년의 시간을 더 주었음에도 불구하고 남유다가 하나님께로 돌아오지 않고 계속해서 우상을 섬기며 죄 가운데 살았기 때문입니다.

"내게 배역한 이스라엘이 간음을 행하였으므로
내가 그를 내쫓고 그에게 이혼서까지 주었으되
그의 반역한 자매 유다가 두려워하지 아니하고
자기도 가서 행음함을 내가 보았노라
그가 돌과 나무와 더불어 행음함을 가볍게 여기고 행음하여
이 땅을 더럽혔거늘 이 모든 일이 있어도
그의 반역한 자매 유다가 진심으로
내게 돌아오지 아니하고 거짓으로 할 뿐이니라

여호와의 말씀이니라"(렘 3:8-10).

예레미야가 전한 하나님의 뜻은 남유다의 왕으로부터 모든 백성들이 듣고 싶어 하지 않는 말이었습니다. 오히려 "회개하고 하나님께로 돌아가자."라고 외치는 것이 예레미야에게는 더 쉬웠을 것입니다. 하나님께서는 예레미야를 통해 북이스라엘에 이어 남유다 또한 나라를 닫을 것이니 바벨론에 대항하지 말고 항복하고 포로로 끌려가라고 말씀하셨습니다.

예레미야가 이러한 하나님의 뜻을 선하사 남유다의 왕과 신하들과 백성들은 모두 예레미야가 매국노이고 '친바벨론주의자' 라고 매도했습니다. 더 나아가 예레미야를 때리고 심지어 죽이려고까지 했습니다.

"어찌 악으로 선을 갚으리이까마는
그들이 나의 생명을 해하려고 구덩이를 팠나이다
내가 주의 분노를 그들에게서 돌이키려 하고
주의 앞에 서서 그들을 위하여
유익한 말을 한 것을 기억하옵소서"(렘 18:20).

"이에 바스훌이 선지자 예레미야를 때리고
여호와의 성전에 있는 베냐민 문 위층에
목에 씌우는 나무 고랑으로 채워 두었더니"(렘 20:2).

"그들이 예레미야를 끌어다가
감옥 뜰에 있는 왕의 아들 말기야의
구덩이에 던져 넣을 때에
예레미야를 줄로 달아내렸는데
그 구덩이에는 물이 없고 진창뿐이므로
예레미야가 진창 속에 빠졌더라"(렘 38:6).

그러자 예레미야가 하나님께 기도했습니다. 하나님께서 귀 기울이고 들으신 예레미야의 기도가 성경에 기록되어 있습니다.

"여호와여 주는 나의 찬송이시오니 나를 고치소서
그리하시면 내가 낫겠나이다 나를 구원하소서
그리하시면 내가 구원을 얻으리이다
보라 그들이 내게 이르기를
여호와의 말씀이 어디 있느냐

이제 임하게 할지어다 하나이다
나는 목자의 직분에서 물러가지 아니하고
주를 따랐사오며
재앙의 날도 내가 원하지 아니하였음을
주께서 아시는 바라
내 입술에서 나온 것이 주의 목전에 있나이다
주는 내게 두려움이 되지 마옵소서
재앙의 날에 주는 나의 피난처시니이다
나를 박해하는 자로 치욕을 당하게 하시고
나로 치욕을 당하게 마옵소서
그들은 놀라게 하시고
나는 놀라게 하지 마시옵소서
재앙의 날을 그들에게 임하게 하시며
배나 되는 멸망으로 그들을 멸하소서"(렘 17:14-18).

그런데 예레미야의 기도를 자세히 살펴보면 이상하게도 낯설지가 않습니다. 그렇습니다. 예레미야는 다윗에게서 배운 대로 하나님께 기도하고 있습니다.

견딜 수 없는 고난 가운데 자신의 괴로움을 한탄하는 것이 아니라, 극심한 고난과 고통 가운데에서도 다윗처럼 하나님을 찬양하고 믿음을 견고히 하고자 다짐하고 있는 것입니다.

"내가 많은 회중 가운데에서 의의
기쁜 소식을 전하였나이다
여호와여 내가 내 입술을 닫지 아니할 줄을
주께서 아시나이다"(시 40:9).

"내 생명을 찾는 자들이
부끄러워 수치를 당하게 하시며
나를 상해하려 하는 자들이 물러가
낭패를 당하게 하소서"(시 35:4).

"멸망이 순식간에 그에게 닥치게 하시며
그가 숨긴 그물에 자기가 잡히게 하시며
멸망 중에 떨어지게 하소서"(시 35:8).

예레미야의 기도와 다윗의 기도를 나란히 놓고 다시 한 번 자세히 비교해보십시오.

"여호와여 주는 나의 찬송이시오니 나를 고치소서 그리하시면 내가 낫겠나이다 나를 구원하소서 그리하시면 내가 구원을 얻으리이다 보라 그들이 내게 이르기를 여호와의 말씀이 어디 있느냐 이제 임하게 할지어다 하나이다 나는 목자의 직분에서 물러가지 아니하고 주를 따랐사오며 재앙의 날도 내가 원하지 아니하였음을 주께서 아시는 바라 내 입술에서 나온 것이 주의 목전에 있나이다 주는 내게 두려움이 되지 마옵소서 재앙의 날에 주는 나의 피난처시니이다 나를 박해하는 자로 치욕을 당하게 하시고 나로 치욕을 당하게 마옵소서 그들은 놀라게 하시고 나는 놀라게 하지 마시옵소서 재앙의 날을 그들에게 임하게 하시며 배나 되는 멸망으로 그들을 멸하소서"(렘 17:14-18).

〈예레미야의 기도〉

"내가 많은 회중 가운데에서 의의 기쁜 소식을 전하였나이다 여호와여 내가 내 입술을 닫지 아니할 줄을 주께서 아시나이다"(시 40:9).

"내 생명을 찾는 자들이 부끄러워 수치를 당하게 하시며 나를 상해하려 하는 자들이 물러가 낭패를 당하게 하소서 멸망이 순식간에 그에게 닥치게 하시며 그가 숨긴 그물에 자기가 잡히게 하시며 멸망 중에 떨어지게 하소서"(시 35:4,8).

〈다윗의 기도〉

예레미야의 별명은 '눈물의 선지자' 입니다. 예레미야가 그토록 많이 울었던 이유는 남유다가 제사장 나라의 사명을 망각하고 끝까지 하나님의 말씀을 거역했기 때문입니다.

예레미야가 전한 하나님의 말씀을 듣지 않았던 남유다는 결국 예루살렘 성을 18개월간 포위하며 한뎃잠을 잤던 바벨론 군인들에 의해 처참하게 짓밟혔습니다.

남유다의 왕 시드기야는 눈앞에서 어린 두 아들이 바벨론 군인들에 의해 칼로 죽임을 당하는 모습을 지켜봐야 했습니다. 그러고 나서 시드기야 왕은 두 눈이 뽑힌 채 쇠사슬에 묶여 바벨론으로 끌려갔습니다.

예루살렘 성전과 왕궁과 집들은 모두 불타고 성벽은 다 부서졌습니다. 예루살렘 성안에 있던 남유다의 남자들은 거의 다 죽임을 당하고, 여자들은 폭행을 당했으며, 수많은 고아들이 생겨나 결국 울다 지쳐 죽어가고 있었습니다.

그 광경을 지켜보고 예레미야가 밤새 울고 또 울었던 것입니다. 얼마나 울었던지 예레미야는 자신의 창자가 끊어지며 간이 땅에 쏟아져 내리는 것 같다고까지 표현했습니다.

"밤에는 슬피 우니 눈물이 뺨에 흐름이여
사랑하던 자들 중에 그에게 위로하는 자가 없고
친구들도 다 배반하여 원수들이 되었도다"(애 1:2).

"이로 말미암아 내가 우니

내 눈에 눈물이 물 같이 흘러내림이여
나를 위로하여 내 생명을 회복시켜 줄 자가
멀리 떠났음이로다
원수들이 이기매 내 자녀들이 외롭도다"(애 1:16).

"내 눈이 눈물에 상하며 내 창자가 끊어지며
내 간이 땅에 쏟아졌으니
이는 딸 내 백성이 패망하여
어린 자녀와 젖 먹는 아이들이
성읍 길거리에 기절함이로다"(애 2:11).

그렇게 울다가 예레미야가 다시 힘을 내 하나님께 기도합니다. 밤새워 울다 새벽이 되어 돌이켜보니 그럼에도 불구하고 하나님의 은혜가 크시다는 사실을 발견했습니다. 자신들의 죄가 커서 '진멸' 당해 마땅함에도 불구하고 하나님께서 '남은 자' 들을 두셨기 때문입니다.

예레미야는 바벨론으로 1차, 2차, 3차에 걸쳐 포로로 끌려간 사람들이 그곳에서 살아남아 70년이 지나면, 다시 시작하시는 하나님과 함께할 길이 있다는 사실에 새 희망을 보았습니다.

"내 고초와 재난 곧 쑥과 담즙을 기억하소서
내 마음이 그것을 기억하고 내가 낙심이 되오나
이것을 내가 내 마음에 담아 두었더니
그것이 오히려 나의 소망이 되었사옴은
여호와의 인자와 긍휼이 무궁하시므로
우리가 진멸되지 아니함이니이다
이것들이 아침마다 새로우니
주의 성실하심이 크시도소이다"(애 3:19-23).

이러한 기도가 하나님의 사람이 해야 하는 기도입니다. 끝까지 하나님을 믿고 신뢰하며 하나님의 뜻을 발견하려는 사람이 하나님의 사람입니다. 예레미야의 이 기도를 들으시고 하나님께서 얼마나 안심이 되셨을까 생각하면 가슴이 먹먹합니다.

예레미야의 기도가 더 깊어집니다. 다시 새롭게 시작하겠노라고 하나님 앞에 그의 결심을 내비친 것입니다.

"여호와여 우리를 주께로 돌이키소서 그리하시면
우리가 주께로 돌아가겠사오니
우리의 날들을 다시 새롭게 하사 옛적 같게 하옵소서
주께서 우리를 아주 버리셨사오며
우리에게 진노하심이 참으로 크시니이다"(애 5:21-22).

이렇게 하나님 앞에 기도한 예레미야가 다시 힘을 내어서 바벨론으로 끌려간 남유다 사람들에게 편지를 쓰기 시작합니다.

"선지자 예레미야가 예루살렘에서 이같은 편지를 느부갓네살이 예루살렘에서 바벨론으로 끌고 간 포로 중 남아 있는 장로들과 제사장들과 선지자들과 모든 백성에게 보냈는데 그 때는 여고니야 왕과 왕후와 궁중 내시들과 유다와 예루살렘의 고관들과 기능공과 토공들이 예루살렘에서 떠난 후라.
유다의 왕 시드기야가 바벨론으로 보내어 바벨론의 왕 느부갓네살에게로 가게 한 사반의 아들 엘라사와 힐기야의 아들 그마랴 편으로 말하되 만군의 여호와 이스라엘의 하나님께서 예루살렘에서 바벨론으로 사로잡혀 가게 한 모든 포로에게 이와 같이 말씀하시니라.

너희는 집을 짓고 거기에 살며 텃밭을 만들고 그 열매를 먹으라 아내를 맞이하여 자녀를 낳으며 너희 아들이 아내를 맞이하며 너희 딸이 남편을 맞아 그들로 자녀를 낳게 하여 너희가 거기에서 번성하고 줄어들지 아니하게 하라.

너희는 내가 사로잡혀 가게 한 그 성읍의 평안을 구하고 그를 위하여 여호와께 기도하라 이는 그 성읍이 평안함으로 너희도 평안할 것임이라.

만군의 여호와 이스라엘의 하나님께서 이와 같이 말씀하시니라. 너희 중에 있는 선지자들에게와 점쟁이에게 미혹되지 말며 너희가 꾼 꿈도 곧이 듣고 믿지 말라 내가 그들을 보내지 아니하였어도 그들이 내 이름으로 거짓을 예언함이라 여호와의 말씀이니라.

여호와께서 이와 같이 말씀하시니라.

바벨론에서 칠십 년이 차면 내가 너희를 돌보고 나의 선한 말을 너희에게 성취하여 너희를 이 곳으로 돌아오게 하리라.

여호와의 말씀이니라.

너희를 향한 나의 생각을 내가 아나니 평안이요 재앙이 아니니라 너희에게 미래와 희망을 주는 것이니라. 너희가 내게 부르짖으며 내게 와서 기도하면 내가 너희들의 기도를 들을 것이요 너희가 온 마음으로 나를 구하면 나를 찾을 것이요 나를 만나리라.
이것은 여호와의 말씀이니라.
나는 너희들을 만날 것이며 너희를 포로된 중에서 다시 돌아오게 하되 내가 쫓아 보내었던 나라들과 모든 곳에서 모아 사로잡혀 떠났던 그 곳으로 돌아오게 하리라. 이것은 여호와의 말씀이니라"(렘 29:1-14).

놀랍게도 예레미야의 기도와 편지에 보석 같은 열매들이 맺힙니다. 바로 다니엘이라는 열매입니다. 그리고 스룹바벨, 에스더, 에스라, 느헤미야와 같은 열매입니다. 예레미야의 눈물의 기도에 하나님께서 응답해주신 것입니다.

"메대 족속 아하수에로의 아들 다리오가 갈대아 나라 왕으로 세움을 받던 첫 해 곧 그 통치 원년에 나 다니엘이 책을 통해 여호와께서 말씀으로 선지자 예레미야에게 알려 주신 그 연수를 깨달았나니
곧 예루살렘의 황폐함이 칠십 년만에 그치리라 하신 것이니라. 내가 금식하며 베옷을 입고 재를 덮어쓰고 주 하나님께

기도하며 간구하기를 결심하고"(단 9:1-3).

예레미야는 참으로 힘든 시기를 살았던 하나님의 사람입니다. 그럼에도 불구하고 그는 끝까지 믿음을 지키며, 하나님의 말씀을 전했고, 하나님께 기도하고, 묵상하며 살았던 하나님의 사람이었습니다.

예레미야는 선지자의 정체성에 대해 다음과 같이 정의했습니다.

"나와 너 이전의 선지자들이
예로부터 많은 땅들과 큰 나라들에 대하여
전쟁과 재앙과 전염병을 예언하였느니라"(렘 28:8).

위로와 평화의 말을 전하는 사람이라면 늘 기쁘게 일을 감당할 수 있을 것입니다. 그러나 율법을 주신 하나님께서 이스라엘에 선지자들을 보내신 이유는 이스라엘이 제사장 나라의 사명을 잘 감당하고, 하나님께서 주신 율법을 지키라는 말씀과 함께 '경고'를 주시기 위함이었습니다.

제사장 나라의 사명을 망각한 이스라엘에게 엄한 경고의 메시지를 전해야 하는 선지자들은 하나님의 엄중한 메시지를 전하면서, 동시에 동족에 대한 안타까움이 공존했습니다. 그렇기 때문에 예레미야의 기도는 매우 진중하고 깊습니다. 예레미야 기도는 슬픔으로 시작하지만, 하나님의 사람답게 새로운 소망으로 끝을 맺습니다. 이것이 기도의 모범입니다.

힐기야의 아들 예레미야처럼 우리의 자녀들이 어떤 어려움과 고난이 다가와도 마침내 '소망'을 노래하는 기도를 하나님께 드리고 하나님을 묵상하며 살기를 꿈꿉니다.

Praying through the Bible

7

《일년일독 통독성경》 제276일

느헤미야
기도와 묵상

1,000년 전의 레위기 이야기와 150년 전의 예레미야 이야기를 바탕으로
바벨론 군인들에 의해 파괴되었던 예루살렘 성벽을
150년 만에 재건하면서 다시 하나님의 도우심을 구하는 느헤미야의 기도

"옛적에 주께서 주의 종 모세에게 명령하여 이르시되
만일 너희가 범죄하면
내가 너희를 여러 나라 가운데에 흩을 것이요
만일 내게로 돌아와 내 계명을 지켜 행하면
너희 쫓긴 자가 하늘 끝에 있을지라도
내가 거기서부터 그들을 모아 내 이름을 두려고
택한 곳에 돌아오게 하리라 하신 말씀을
이제 청하건대 기억하옵소서"(느 1:8-9).

예레미야의 기도의 열매라 할 수 있는 느헤미야 또한 하늘의 하나님께 기도합니다. 느헤미야는 예레미야가 불타버리고 무너진 예루살렘 성전을 바라보며 간이 땅으로 쏟아지는 아픔과 고통으로 울며 기도했던 그 시점으로부터 약 150년이 지난 후 바벨론 포로민의 후손으로 페르시아에서 태어나 살고 있었던 남유다 출신의 사람입니다.

당시는 바벨론 제국이 멸망하고 페르시아 제국이 등장해 고대 근동을 쥐락펴락하던 시대였습니다. 페르시아 제국은 바벨론 제국이 각 나라에서 끌어온 포로들을 돌려보내는 정책을 펼치고 있었습니다. 그래서 남유다 포로들도 이미 1차, 2차에 걸쳐 예루살렘으로 귀환한 상태였습니다.

당시 페르시아에는 예루살렘으로 귀환한 사람들도 있었고, 페르시아에 남아 있는 사람들도 있었으며, 제국 전역으로 흩어져 디아스포라 유대인으로 사는 사람들도 있었습니다.

그러한 때에 즉, 예루살렘이 바벨론 제국에 의해 멸망한 이래로 약 150년이 지난 시점에 페르시아 땅에 살고 있던 느헤미야가 하나님께 기도했던 것이 성경에 기록되어 있습니다.

느헤미야는 예레미야가 '힐기야의 아들 예레미야' 라고 자신의 책을 시작했던 것처럼, 자신도 '하가랴의 아들 느헤미야'의 말이라고 자신의 책을 시작했습니다.

"베냐민 땅 아나돗의 제사장들 중
힐기야의 아들 예레미야의 말이라"(렘 1:1).

"하가랴의 아들 느헤미야의 말이라
아닥사스다 왕 제이십년 기슬르월에
내가 수산 궁에 있는데"(느 1:1).

느헤미야가 남유다를 다녀온 사람들에게 남유다의 형편을 물어보았습니다. 그런데 남유다의 수도 예루살렘이 150년 전 바벨론에게 멸망할 때의 상황에서 그다지 나아진 것 없이 '예루살렘 성은 여전히 훼파당한 상태이고, 성문은 불탄 채 아직도 다시 복원되지 못하고 있다.' 는 소식을 전해 들었습니다.

이는 2차 포로 귀환의 지도자인 학사 에스라가 이끈 개혁 조치 이후에도 예루살렘의 상황이 계속 어렵다는 안타까운 소식이었습니다. 그러자 느헤미야가 이 소식을 듣고 슬퍼하며 울고, 수일 동안 하늘의 하나님 앞에 금식하며 기도했습니다.

느헤미야의 기도입니다.
그리고 곧바로 이어지는 하나님의 응답입니다.

"하늘의 하나님 여호와 크고 두려우신 하나님이여
주를 사랑하고 주의 계명을 지키는 자에게
언약을 지키시며 긍휼을 베푸시는 주여 간구하나이다
이제 종이 주의 종들인 이스라엘 자손을 위하여
주야로 기도하오며
우리 이스라엘 자손이 주께 범죄한 죄들을 자복하오니
주는 귀를 기울이시며 눈을 여시사
종의 기도를 들으시옵소서
나와 내 아버지의 집이 범죄하여 주를 향하여
크게 악을 행하여 주께서 주의 종 모세에게 명령하신
계명과 율례와 규례를 지키지 아니하였나이다
옛적에 주께서 주의 종 모세에게 명령하여 이르시되

만일 너희가 범죄하면
내가 너희를 여러 나라 가운데에 흩을 것이요
만일 내게로 돌아와 내 계명을 지켜 행하면
너희 쫓긴 자가 하늘 끝에 있을지라도
내가 거기서부터 그들을 모아 내 이름을 두려고
택한 곳에 돌아오게 하리라 하신 말씀을
이제 청하건대 기억하옵소서
이들은 주께서 일찍이 큰 권능과 강한 손으로
구속하신 주의 종들이요 주의 백성이니이다
주여 구하오니 귀를 기울이사 종의 기도와 주의 이름을
경외하기를 기뻐하는 종들의 기도를 들으시고
오늘 종이 형통하여
이 사람 앞에서 은혜를 입게 하옵소서 하였나니
그 때에 내가 왕의 술 관원이 되었느니라"(느 1:5-11).

느헤미야의 기도는 모세까지 거슬러 올라갑니다. 모세로부터 다윗까지 500년입니다. 그리고 다윗과 솔로몬 이후 이스라엘이 북이스라엘과 남유다로 나뉘어 한 민족 두 국가로 200년, 북이스라엘이 앗수르 제국에게 멸망하고 남유다만 남아서

150년, 남유다가 망할 당시의 예레미야로부터 150년이 지난 시점이 느헤미야 때이니, 느헤미야는 자그마치 1,000년을 거슬러 올라간 기도를 한 것입니다.

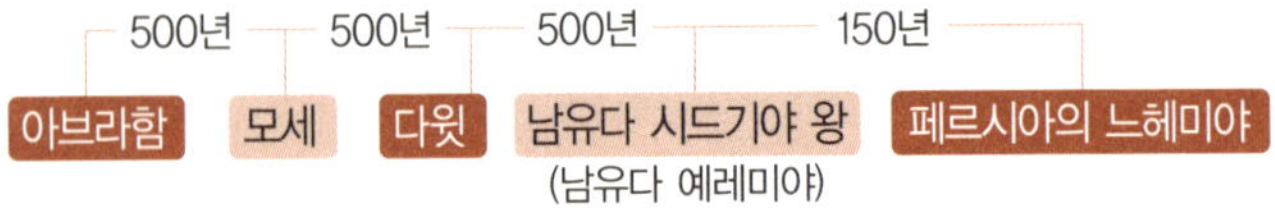

페르시아 제국에서 태어난 느헤미야가 모세5경을 포함한 구약성경을 훤히 꿰뚫고, 성경으로 하늘의 하나님께 기도했습니다.

느헤미야는 기도를 통해 모세로까지 거슬러 올라가 1,000년 전에 하나님께서 이스라엘 백성들에게 주신 계명과 규례가 무엇이었는지를 다 알고 있음을 밝힙니다. 그리고 이스라엘이 왜 멸망했는지를, 또한 어떻게 하면 다시 이스라엘이 제사장 나라로 회복될 수 있는지 답을 말합니다. 그리고 그 일에 자신이 쓰임 받기를 하나님께 간청합니다. 그러자 느헤미야의 기도를 들으신 하나님께서 기도의 응답으로 느헤미야를 페르시아 제국의 고위 관리가 되게 해주셨습니다.

느헤미야는 기도와 묵상이 몸에 밴 사람입니다. 왕 앞에서도 하나님께 기도하며 묵상하는 모습을 통해 느헤미야가 늘 기도하고 묵상하는 사람이었음을 알 수 있습니다.

"왕이 내게 이르시되 그러면 네가 무엇을 원하느냐 하시기로 내가 곧 하늘의 하나님께 묵도하고"(느 2:4).

느헤미야가 페르시아 왕에게 자신의 요구를 밝히자 놀랍게도 페르시아 왕이 즉석에서 느헤미야의 요구를 들어줍니다. 이를 통해 느헤미야가 페르시아 왕에게 얼마나 깊은 신임을 받고 있었는지를 알 수 있습니다. 또한 우리는 하나님의 선한 손길이 어떻게 페르시아 왕에게까지 미치는지를 목도할 수 있습니다.

느헤미야는 페르시아 왕으로부터 왕의 조서와 성벽 재건에 필요한 물자를 다 얻어냅니다. 보통 사람이라면 이쯤에서 자신이 왕으로부터 얼마나 무한 신임을 받아왔는지를 부풀려 드러내고도 남았을 것입니다. 그런데 느헤미야는 이 일을 두고 '내 하나님의 선한 손이 나를 도우셨다.' 라고 고백합니다.

느헤미야는 페르시아 왕도 그를 사랑하지 않고는 견딜 수 없을 정도의 사람이었고, 하나님도 느헤미야를 사랑하지 않을 수 없을 정도의 사람이었습니다.

"왕에게 아뢰되 왕이 만일 좋게 여기시고
종이 왕의 목전에서 은혜를 얻었사오면
나를 유다 땅 나의 조상들의 묘실이 있는 성읍에 보내어
그 성을 건축하게 하옵소서 하였는데
그 때에 왕후도 왕 곁에 앉아 있었더라
왕이 내게 이르시되 네가 몇 날에 다녀올 길이며
어느 때에 돌아오겠느냐 하고
왕이 나를 보내기를 좋게 여기시기로
내가 기한을 정하고 내가 또 왕에게 아뢰되
왕이 만일 좋게 여기시거든 강 서쪽 총독들에게
내리시는 조서를 내게 주사 그들이 나를 용납하여
유다에 들어가기까지 통과하게 하시고
또 왕의 삼림 감독 아삽에게 조서를 내리사
그가 성전에 속한 영문의 문과 성곽과
내가 들어갈 집을 위하여

들보로 쓸 재목을 내게 주게 하옵소서 하매
내 하나님의 선한 손이 나를 도우시므로 왕이 허락하고"
(느 2:5-8).

느헤미야가 드디어 페르시아 왕의 허락하에 3차 포로 귀환의 지도자가 되어 페르시아에 살고 있던 남유다 사람들을 이끌고 예루살렘으로 향합니다.

그리고 예루살렘에 도착해 많은 방해를 무릅쓰고 마침내 52일 만에 예루살렘 성벽 공사를 끝냅니다. 그러자 150년 전 예레미야 때에 울음이 가득했던 예루살렘 성에 웃음꽃이 피어납니다.

"슬프다 이 성이여 전에는
사람들이 많더니 이제는 어찌 그리 적막하게 앉았는고
전에는 열국 중에 크던 자가 이제는 과부 같이 되었고
전에는 열방 중에 공주였던 자가
이제는 강제 노동을 하는 자가 되었도다"(애 1:1).

"시온의 도로들이 슬퍼함이여 절기를 지키려
나아가는 사람이 없음이로다
모든 성문들이 적막하며 제사장들이 탄식하며
처녀들이 근심하며 시온도 곤고를 받았도다
그의 대적들이 머리가 되고
그의 원수들이 형통함은 그의 죄가 많으므로
여호와께서 그를 곤고하게 하셨음이라
어린 자녀들이 대적에게 사로잡혔도다"(애 1:4-5).

"예루살렘 성벽을 봉헌하게 되니 각처에서 레위 사람들을 찾아 예루살렘으로 데려다가 감사하며 노래하며 제금을 치며 비파와 수금을 타며 즐거이 봉헌식을 행하려 하매
이에 노래하는 자들이 예루살렘 사방 들과 느도바 사람의 마을에서 모여들고 또 벧길갈과 게바와 아스마웻 들에서 모여들었으니 이 노래하는 자들은 자기들을 위하여 예루살렘 사방에 마을들을 이루었음이라 제사장들과 레위 사람들이 몸을 정결하게 하고 또 백성과 성문과 성벽을 정결하게 하니라"
(느 12:27-30).

"이 날에 무리가 큰 제사를 드리고 심히 즐거워하였으니 이는 하나님이 크게 즐거워하게 하셨음이라. 부녀와 어린 아이도 즐거워하였으므로 예루살렘이 즐거워하는 소리가 멀리 들렸느니라"(느 12:43).

느헤미야는 페르시아로부터 예루살렘으로의 2차 귀환 지도자였던 학사 에스라와 함께 남유다 온 백성들을 모아 초막절을 지켰습니다.

초막절은 유월절, 오순절과 함께 제사장 나라의 3대 절기로서 벽돌로 지은 편안한 집에서 나와 과거 출애굽한 이스라엘 백성들의 광야 생활을 기억하며 초막에서 아버지와 아들이 모세5경을 함께 읽으며 약 일주일간의 절기를 지키는 명절입니다.

이때 느헤미야가 주도했던 초막절은 온 백성들이 다 함께 모여 약 일주일간 숙식을 함께하며 에스라가 모세5경을 읽으면 모든 백성들은 다 듣고 아멘으로 화답하는 성경통독집회였습니다.

"에스라가 모든 백성 위에 서서 그들 목전에 책을 펴니
책을 펼 때에 모든 백성이 일어서니라
에스라가 위대하신 하나님 여호와를 송축하매
모든 백성이 손을 들고 아멘 아멘 하고 응답하고
몸을 굽혀 얼굴을 땅에 대고 여호와께 경배하니라"(느 8:5-6).

에스라가 모세5경을 낭독하며 그 뜻을 해석해주자 백성들이 하나님의 말씀을 깨닫게 되었습니다. 하나님의 말씀을 깨닫게 된 온 백성들이 다 울었습니다.

하나님의 말씀을 듣고 배우면 하나님의 사랑에 감격할 수밖에 없습니다. 예레미야가 150년 전 그 새벽에 꿈꾸며 기도했던 그 기도가 150년 만에 이렇게 꽃을 피운 것입니다.

"내 고초와 재난 곧 쑥과 담즙을 기억하소서
내 마음이 그것을 기억하고 내가 낙심이 되오나
이것을 내가 내 마음에 담아 두었더니
그것이 오히려 나의 소망이 되었사옴은
여호와의 인자와 긍휼이 무궁하시므로

우리가 진멸되지 아니함이니이다
이것들이 아침마다 새로우니
주의 성실하심이 크시도소이다"(애 3:19-23).

"하나님의 율법책을 낭독하고 그 뜻을 해석하여 백성에게 그 낭독하는 것을 다 깨닫게 하니 백성이 율법의 말씀을 듣고 다 우는지라.
총독 느헤미야와 제사장 겸 학사 에스라와 백성을 가르치는 레위 사람들이 모든 백성에게 이르기를 오늘은 너희 하나님 여호와의 성일이니 슬퍼하지 말며 울지 말라 하고"(느 8:8-9).

"에스라는 첫날부터 끝날까지 날마다 하나님의 율법책을 낭독하고 무리가 이레 동안 절기를 지키고 여덟째 날에 규례를 따라 성회를 열었느니라"(느 8:18).

느헤미야 9장은 느헤미야가 얼마나 성경을 열심히 공부했으며, 성경을 통해 기도했는지를 보여줍니다. 느헤미야의 기도는 하나님의 말씀을 주야로 묵상하고 늘 기억하고 있는 사람의 '1,000년의 기도' 입니다.

느헤미야의 기도 (느 9:6-38)

"오직 주는 여호와시라 하늘과 하늘들의 하늘과 일월 성신과 땅과 땅 위의 만물과 바다와 그 가운데 모든 것을 지으시고 다 보존하시오니 모든 천군이 주께 경배하나이다

주는 하나님 여호와시라. 옛적에 아브람을 택하시고 갈대아 우르에서 인도하여 내시고 아브라함이라는 이름을 주시고 그의 마음이 주 앞에서 충성됨을 보시고 그와 더불어 언약을 세우사 가나안 족속과 헷 족속과 아모리 족속과 브리스 족속과 여부스 족속과 기르가스 족속의 땅을 그의 씨에게 주리라 하시더니 그 말씀대로 이루셨사오매 주는 의로우심이로소이다.

주께서 우리 조상들이 애굽에서 고난 받는 것을 감찰하시며 홍해에서 그들의 부르짖음을 들으시고 이적과 기사를 베푸사 바로와 그의 모든 신하와 그의 나라 온 백성을 치셨사오니 이는 그들이 우리의 조상들에게 교만하게 행함을 아셨음이라. 주께서 오늘과 같이 명예를 얻으셨

나이다

또 주께서 우리 조상들 앞에서 바다를 갈라지게 하사 그들이 바다 가운데를 육지 같이 통과하게 하시고 쫓아오는 자들을 돌을 큰 물에 던짐 같이 깊은 물에 던지시고 낮에는 구름 기둥으로 인도하시고 밤에는 불 기둥으로 그들이 행할 길을 그들에게 비추셨사오며 또 시내 산에 강림하시고 하늘에서부터 그들과 말씀하사 정직한 규례와 진정한 율법과 선한 율례와 계명을 그들에게 주시고 거룩한 안식일을 그들에게 알리시며 주의 종 모세를 통하여 계명과 율례와 율법을 그들에게 명령하시고 그들의 굶주림 때문에 그들에게 양식을 주시며 그들의 목마름 때문에 그들에게 반석에서 물을 내시고 또 주께서 옛적에 손을 들어 맹세하시고 주겠다고 하신 땅을 들어가서 차지하라 말씀하셨사오나 그들과 우리 조상들이 교만하고 목을 굳게 하여 주의 명령을 듣지 아니하고 거역하며 주께서 그들 가운데에서 행하신 기사를 기억하지 아니하고 목을 굳게 하며 패역하여 스스로 한 우두머리를 세우고 종 되었던 땅으로 돌아가고자 하였나이다.

그러나 주께서는 용서하시는 하나님이시라 은혜로우시며 긍휼히 여기시며 더디 노하시며 인자가 풍부하시므로 그들을 버리지 아니하셨나이다.

또 그들이 자기들을 위하여 송아지를 부어 만들고 이르기를 이는 곧 너희를 인도하여 애굽에서 나오게 한 신이라 하여 하나님을 크게 모독하였사오나 주께서는 주의 크신 긍휼로 그들을 광야에 버리지 아니하시고 낮에는 구름 기둥이 그들에게서 떠나지 아니하고 길을 인도하며 밤에는 불 기둥이 그들이 갈 길을 비추게 하셨사오며 또 주의 선한 영을 주사 그들을 가르치시며 주의 만나가 그들의 입에서 끊어지지 않게 하시고 그들의 목마름을 인하여 그들에게 물을 주어 사십 년 동안 들에서 기르시되 부족함이 없게 하시므로 그 옷이 해어지지 아니하였고 발이 부르트지 아니하였사오며 또 나라들과 족속들을 그들에게 각각 나누어 주시매 그들이 시혼의 땅 곧 헤스본 왕의 땅과 바산 왕 옥의 땅을 차지하였나이다.

주께서 그들의 자손을 하늘의 별같이 많게 하시고 전에 그들의 열조에게 들어가서 차지하라고 말씀하신 땅으로 인도하여 이르게 하셨으므로 그 자손이 들어가서 땅을 차지하되 주께서 그 땅 가나안 주민들이 그들 앞에 복종하게 하실 때에 가나안 사람들과 그들의 왕들과 본토 여러 족속들을 그들의 손에 넘겨 임의로 행하게 하시매 그들이 견고한 성읍들과 기름진 땅을 점령하고 모든 아름다운 물건이 가득한 집과 판 우물과 포도원과 감람원과 허다한 과목을 차지하여 배불리 먹어 살찌고 주의 큰 복을 즐겼사오나 그들은 순종하지 아니하고 주를 거역하며 주의 율법을 등지고 주께로 돌아오기를 권면하는 선지자들을 죽여 주를 심히 모독하였나이다.

그러므로 주께서 그들을 대적의 손에 넘기사 그들이 곤고를 당하게 하시매 그들이 환난을 당하여 주께 부르짖을 때에 주께서 하늘에서 들으시고 주의 크신 긍휼로 그들에게 구원자들을 주어 그들을 대적의 손에서 구원하셨거늘 그들이 평강을 얻은 후에 다시 주 앞에서 악을 행하므로 주께서 그들을 원수들의 손에 버려 두사 원수들에게 지배를 당하게 하시다가 그들이 돌이켜 주께 부르짖으매 주께서 하늘에서 들으시고 여러 번 주의 긍휼로

건져내시고 다시 주의 율법을 복종하게 하시려고 그들에게 경계하셨으나 그들이 교만하여 사람이 준행하면 그 가운데에서 삶을 얻는 주의 계명을 듣지 아니하며 주의 규례를 범하여 고집하는 어깨를 내밀며 목을 굳게 하여 듣지 아니하였나이다.

그러나 주께서 그들을 여러 해 동안 참으시고 또 주의 선지자들을 통하여 주의 영으로 그들을 경계하시되 그들이 듣지 아니하므로 열방 사람들의 손에 넘기시고도 주의 크신 긍휼로 그들을 아주 멸하지 아니하시며 버리지도 아니하셨사오니 주는 은혜로우시고 불쌍히 여기시는 하나님이심이니이다.

우리 하나님이여 광대하시고 능하시고 두려우시며 언약과 인자하심을 지키시는 하나님이여 우리와 우리 왕들과 방백들과 제사장들과 선지자들과 조상들과 주의 모든 백성이 앗수르 왕들의 때로부터 오늘까지 당한 모든 환난을 이제 작게 여기지 마옵소서 그러나 우리가 당한 모든 일에 주는 공의로우시니 우리는 악을 행하였사오나 주께서는 진실하게 행하셨음이니이다.

우리 왕들과 방백들과 제사장들과 조상들이 주의 율법을 지키지 아니하며 주의 명령과 주께서 그들에게 경계하신 말씀을 순종하지 아니하고 그들이 그 나라와 주께서 그들에게 베푸신 큰 복과 자기 앞에 주신 넓고 기름진 땅을 누리면서도 주를 섬기지 아니하며 악행을 그치지 아니하였으므로 우리가 오늘날 종이 되었는데 곧 주께서 우리 조상들에게 주사 그것의 열매를 먹고 그것의 아름다운 소산을 누리게 하신 땅에서 우리가 종이 되었나이다.

우리의 죄로 말미암아 주께서 우리 위에 세우신 이방 왕들이 이 땅의 많은 소산을 얻고 그들이 우리의 몸과 가축을 임의로 관할하오니 우리의 곤란이 심하오며 우리가 이 모든 일로 말미암아 이제 견고한 언약을 세워 기록하고 우리의 방백들과 레위 사람들과 제사장들이 다 인봉하나이다 하였느니라"

Praying through the Bible

8

《일년일독 통독성경》 제281 일

예수님
기도와 묵상 1

1,500년 전에 기록된 〈모세5경〉 가운데 신명기 말씀으로
사탄의 시험을 이기신 예수님의 기도

"그 때에 예수께서 성령에게 이끌리어
마귀에게 시험을 받으러 광야로 가사
사십 일을 밤낮으로 금식하신 후에 주리신지라
시험하는 자가 예수께 나아와서 이르되
네가 만일 하나님의 아들이어든 명하여
이 돌들로 떡덩이가 되게 하라
예수께서 대답하여 이르시되 기록되었으되
사람이 떡으로만 살 것이 아니요

하나님의 입으로부터 나오는 모든 말씀으로 살 것이라
하였느니라 하시니"(마 4:1-4).

우리가 하나님께 기도해야 하는 가장 중요한 이유는 하나님의 아들이신 예수님도 하늘의 하나님께 기도하셨기 때문입니다. 하나님으로부터 "이는 내 사랑하는 아들이요 내 기뻐하는 자라."라는 말씀까지 들으신 예수님께서는 심지어 40일을 금식하면서까지 기도하셨습니다.

예수님께서 40일간이나 금식하신 이유는 '진짜 큰일을 앞두고 힘내시기 위함'이셨습니다. 우리는 힘내기 위해 음식을 먹습니다. 심지어 밥의 힘으로 산다고까지 말합니다.

하지만 예수님께서는 진짜 힘을 내시기 위해 40일을 금식하며 기도하고 공생애를 준비하셨습니다.

오늘날 성도들도 가장 절박하게 기도해야 할 때 예수님처럼 금식하며 기도하곤 합니다. 이는 예수님께 배워서 하는 기도입니다. 그런데 예수님의 기도와 오늘날 성도들의 기도는 다

소 차이가 있습니다.

그리고 마귀가 시험할 때에 마귀를 물리치고 이기려면 예수님처럼 하나님의 말씀으로 무장해 있어야 합니다. 마귀가 예수님을 넘어뜨리지 못한 것은 다른 어떤 것이 아닌 '기록된 말씀' 이었기 때문입니다.

예수님께서는 40일을 금식하며 기도하시고 나서 마귀의 시험을 받으셨고, 마귀의 시험을 기록된 하나님의 말씀, 즉 구약성경으로 다 물리치셨습니다.

그런데 오늘날의 성도들은 금식 기도를 하고 난 뒤 마귀의 시험 같은 것은 없을 것이라고 생각합니다. 그리고 왜 기도했는데 시험에 들게 되는지 당황합니다.

우리는 예수님께서 금식 기도하시고 난 후에도 마귀의 시험을 받으셨다는 사실과 마귀는 심지어 하나님의 아들이신 예수님에게까지도 달려들어 시험한다는 사실을 알고 깨어 있어야 합니다. 이와 같이 기도와 묵상이 무엇보다 중요하지만,

성경 말씀으로 무장하지 않은 기도와 묵상으로는 마귀의 시험을 이길 수 없다는 사실을 성경을 통해 배워야 합니다. 이는 예수님께서 직접 우리에게 모범을 보여주신 것입니다.

"예수께서 대답하여 이르시되
기록되었으되 사람이 떡으로만 살 것이 아니요
하나님의 입으로부터 나오는 모든 말씀으로 살 것이라
하였느니라 하시니"(마 4:4).

예수님께서는 '기록된 말씀'(It is written) 즉, 구약성경으로 마귀의 첫 번째 시험을 이기셨습니다. 바로 신명기에 기록된 하나님의 말씀입니다.

"네 하나님 여호와께서 이 사십 년 동안에
네게 광야 길을 걷게 하신 것을 기억하라
이는 너를 낮추시며 너를 시험하사
네 마음이 어떠한지
그 명령을 지키는지 지키지 않는지 알려 하심이라
너를 낮추시며 너를 주리게 하시며 또 너도 알지 못하며

네 조상들도 알지 못하던 만나를 네게 먹이신 것은
사람이 떡으로만 사는 것이 아니요
여호와의 입에서 나오는 모든 말씀으로 사는 줄을
네가 알게 하려 하심이니라"(신 8:2-3).

신명기는 모세가 40년 광야 생활을 마친 만나세대들을 향하여 4번에 걸쳐 만나학교 졸업 설교 겸 역사 특강을 한 것입니다. 모세는 40년간 광야에서 농사짓지 않았음에도 불구하고 하나님께서 하늘로부터 내려주신 만나를 먹고 살았던 만나세대에게 왜 하나님께서 만나를 주셨는지 가르쳐주었습니다.

하나님께서 40년 광야 생활과 그 가운데 때로는 그들을 주리게도 하시고 만나를 주셨던 이유는 그들을 낮추시고 시험하사 제사장 나라 사명을 향한 그들의 마음이 어떠한지 알아보신 것이었습니다. 그리고 사람이 떡으로만 사는 것이 아니요 하나님의 입에서 나오는 말씀으로 사는 것임을 가르쳐주기 위함이셨습니다.

하나님 나라 사명을 앞두고 40일을 금식하며 기도하신 예수님께 마귀는 '돌로 떡을 만들어 먹으라고' 시험했고, 예수님께서는 신명기의 말씀을 가지고 마귀의 시험을 이기셨습니다.

구약의 수많은 하나님의 사람들처럼, 예수님께서도 1,500년을 거슬러 올라가 모세 때 하나님께서 주신 말씀으로 기도하며 마귀의 시험을 물리치셨습니다. 하나님의 말씀인 성경을 통하지 않으면 사탄 마귀에게도 질 수 있습니다. 마귀가 무서워 달아난 것은 살아계신 하나님의 말씀 때문이라는 사실을 늘 기억해야 합니다.

마귀의 시험을 이기는 방법은 언제 어느 때든지 '기록된 하나님의 말씀'(It is written)입니다.

그러므로 우리는 기도할 때에 예수님께서 가르쳐주신 대로 매일 일용할 양식을 구하면서 동시에 '시험에 들게 하지 마시옵고' 라고 기도해야 합니다. 이것이 예수님께서 가르쳐주신 기도의 방법이고, 시험에 들지 않기 위한 올바른 기도입니다.

"그러므로 너희는 이렇게 기도하라

하늘에 계신 우리 아버지여
이름이 거룩히 여김을 받으시오며"(마 6:9).

"우리를 시험에 들게 하지 마시옵고
다만 악에서 구하시옵소서
(나라와 권세와 영광이 아버지께 영원히 있사옵나이다
아멘)"(마 6:13).

Praying through the Bible

9

《일년일독 통독성경》 제282일

예수님
기도와 묵상 2

기도를 배우기 원하는 제자들에게 '이렇게 기도하라' 고
기도의 모범을 보여주신 예수님의 기도
* 기도 언어: 하나님 아버지, 하나님 나라, 하나님의 뜻, 일용할 양식, 용서, 나라, 권세, 영광

"그러므로 너희는 이렇게 기도하라
하늘에 계신 우리 아버지여 이름이
거룩히 여김을 받으시오며 나라가 임하시오며
뜻이 하늘에서 이루어진 것 같이
땅에서도 이루어지이다
오늘 우리에게 일용할 양식을 주시옵고
우리가 우리에게 죄 지은 자를 사하여 준 것 같이

우리 죄를 사하여 주시옵고
우리를 시험에 들게 하지 마시옵고
다만 악에서 구하시옵소서
(나라와 권세와 영광이 아버지께 영원히 있사옵나이다
아멘)"(마 6:9-13).

예수님께서 가르쳐주신 '주기도'는 기도 중의 기도입니다.

예수님은 산상수훈을 말씀하시는 가운데 모인 무리들을 향하여 구제를 어떻게 할 것인가를 가르쳐주시고, 곧이어 어떻게 하늘의 하나님께 기도해야 하는지를 가르쳐주셨습니다.

예수님은 '주의 기도'를 가르쳐주시기 전에 기도에 대한 전제들을 먼저 가르쳐주셨습니다.

"너희는 기도할 때에 외식하는 자와 같이 하지 말라
그들은 사람에게 보이려고
회당과 큰 거리 어귀에 서서
기도하기를 좋아하느니라

내가 진실로 너희에게 이르노니
그들은 자기 상을 이미 받았느니라
너는 기도할 때에 네 골방에 들어가 문을 닫고
은밀한 중에 계신 네 아버지께 기도하라
은밀한 중에 보시는 네 아버지께서 갚으시리라
또 기도할 때에 이방인과 같이 중언부언하지 말라
그들은 말을 많이 하여야 들으실 줄 생각하느니라
그러므로 그들을 본받지 말라
구하기 전에 너희에게 있어야 할 것을
하나님 너희 아버지께서 아시느니라"(마 6:5-8).

이렇게 기도에 대한 서론과 같은 전제들을 말씀하신 예수님께서 본격적으로 '이렇게 기도하라.' 라며 기도의 모델 즉, '주기도' 를 가르쳐주셨습니다.

첫째, 예수님은 '하늘에 계신 우리 아버지' 라고 하나님을 부르며 기도하라고 가르쳐주셨습니다. 하나님의 이름을 부른다는 것은 구약시대에는 감히 상상도 할 수 없는 일이었습니다. 더군다나 하나님을 아버지라 부른다는 것은 있을 수 없는 일이었습니다.

예수님은 하나님의 아들이시니 하나님을 아버지라 부르시는 것이 당연합니다. 하나님께서도 공식적으로 예수님에 대해 '이는 내 사랑하는 아들' 이라고 말씀하셨고 말입니다.

그런데 예수님은 더 나아가 모든 사람들에게 하나님을 아버지라 부르며 기도하라고 가르쳐주셨습니다.

"예수께서 세례를 받으시고
곧 물에서 올라오실새 하늘이 열리고
하나님의 성령이 비둘기 같이 내려
자기 위에 임하심을 보시더니
하늘로부터 소리가 있어 말씀하시되
이는 내 사랑하는 아들이요 내 기뻐하는 자라"
(마 3:16-17).

"말할 때에 홀연히 빛난 구름이 그들을 덮으며
구름 속에서 소리가 나서 이르시되

이는 내 사랑하는 아들이요 내 기뻐하는 자니
너희는 그의 말을 들으라 하시는지라"(마 17:5).

예수님께서 우리 모두에게 하나님을 아버지라 부르며 기도하라고 가르쳐주신 이래로 우리는 기도할 때 하나님을 아버지라 부르며 기도할 수 있는 특권이 주어졌습니다. 이것은 예수님께서 세상 모든 사람들을 자신의 목숨보다 더 사랑하신 증거입니다. 얼마나 감사하고 감격스러운지 모르겠습니다.

둘째, 예수님은 '하나님 아버지의 이름이 거룩히 여김을 받으시기를 기도하라.' 라고 가르쳐주셨습니다. 하나님은 영광과 찬양을 받으시기에 합당한 분이십니다.

우리는 예수님께 배운 대로 기도할 때에 가장 먼저 하나님의 이름이 거룩히 여김을 받으시기를 기도해야 합니다. 이것이 우리가 가장 먼저, 늘 잊지 않고 해야 하는 기도입니다.

셋째, 예수님은 하나님을 아버지라 부르고 하나님 아버지의 이름이 거룩히 여김을 받으시기를 기도하고 나면 곧이어 '하나님 나라를 위해 기도하라.' 라고 가르쳐주셨습니다. 하나님의 나라는 제사장 나라를 모두 담은 나라입니다.

제사장 나라

1. 유월절 어린양으로 시작한 나라
2. 하나님의 용서가 있는 나라
3. 이웃 사이에 나눔과 거룩이 있는 나라
4. 민족 사이에 평화가 있는 나라
5. 장자와 성전으로 이끄는 나라

하나님 나라

1. 하나님의 어린양으로 시작한 나라
2. 하나님을 아버지라 부르는 나라
3. 한 영혼이 천하보다 귀한 나라
4. 십자가를 통해서 완성되는 나라
5. 제자와 교회로 이끄는 나라

예수님은 하나님께 기도할 때에 '하나님의 나라가 임하시고, 하나님의 뜻이 하늘에서 이루어진 것 같이 이 땅에서도 이루어지게 하옵소서.' 라고 기도하라고 가르쳐주셨습니다.

예수님은 우리가 하나님께 기도할 때에 하나님의 나라에 대해 먼저 기도하고 다음 기도를 계속 이어가라고 가르쳐주셨습니다. 하나님의 나라에 대한 기도는 하나님께 기도할 때에 우선순위에 드는 기도입니다.

그런데 우리는 우리의 기도 언어 가운데 '하나님 나라'가 얼마나 자주 사용되고 있는지 곰곰이 한 번 생각해볼 필요가 있습니다.

예수님은 공생애 3년 동안 입을 열기만 하시면 늘 하나님 나라를 말씀하셨습니다. 산상수훈을 말씀하시면서도 입을 열어 가르치기 시작하시면 하나님 나라 이야기로 시작하셨습니다.

"입을 열어 가르쳐 이르시되
심령이 가난한 자는 복이 있나니
천국이 그들의 것임이요
애통하는 자는 복이 있나니
그들이 위로를 받을 것임이요

온유한 자는 복이 있나니
그들이 땅을 기업으로 받을 것임이요
의에 주리고 목마른 자는 복이 있나니
그들이 배부를 것임이요
긍휼히 여기는 자는 복이 있나니
그들이 긍휼히 여김을 받을 것임이요
마음이 청결한 자는 복이 있나니
그들이 하나님을 볼 것임이요
화평하게 하는 자는 복이 있나니
그들이 하나님의 아들이라 일컬음을 받을 것임이요
의를 위하여 박해를 받은 자는 복이 있나니
천국이 그들의 것임이라"(마 5:2-10).

또한 예수님은 만나는 모든 사람들에게 하나님 나라를 가르치시기에 열심이셨습니다. 예수님은 농부들을 만나시면 농부들이 가장 쉽게 이해할 수 있는 씨 뿌리는 비유를 들어 하나님 나라를 설명해주셨습니다. 어부들을 만나셨을 때에는 그물 비유로, 주부들을 만나셨을 때에는 누룩 비유로, 장사하는 사람들을 만나셨을 때에는 진주 비유를 들어 하나님 나라를 가르쳐주셨습니다. 그만큼 예수님께는 하나님 나라가 중요한 주제였던 것입니다.

예수님은 사람들이 기본적으로 가장 중요하다고 생각하는 의식주 문제보다도 더 중요한 것이 하나님 나라라고 말씀하셨습니다.

사람들의 의식주 문제는 길가의 들풀과 공중 나는 새들까지 돌보시는 하나님께서 이미 알고 계시고 책임져주신다고 말입니다. 그러면서 예수님은 '먼저 하나님의 나라와 그의 의를 구하라.' 라고 가르쳐주셨습니다.

먼저 하나님 나라와 하나님의 의를 구하면, 사람들이 가장 걱정하는 의식주 문제는 하나님께서 덤으로 채워주신다고 가르쳐주셨습니다. 예수님의 이 말씀을 믿고 예수님께서 가르쳐주신 대로 순종하며 기도하는 자는 기적을 보게 될 것입니다.

"너희 중에 누가 염려함으로
그 키를 한 자라도 더할 수 있겠느냐

또 너희가 어찌 의복을 위하여 염려하느냐
들의 백합화가 어떻게 자라는가 생각하여 보라
수고도 아니하고 길쌈도 아니하느니라
그러나 내가 너희에게 말하노니
솔로몬의 모든 영광으로도 입은 것이
이 꽃 하나만 같지 못하였느니라
오늘 있다가 내일 아궁이에 던져지는 들풀도
하나님이 이렇게 입히시거든
하물며 너희일까보냐 믿음이 작은 자들아
그러므로 염려하여 이르기를 무엇을 먹을까
무엇을 마실까 무엇을 입을까 하지 말라
이는 다 이방인들이 구하는 것이라
너희 하늘 아버지께서 이 모든 것이
너희에게 있어야 할 줄을 아시느니라
그런즉 너희는 먼저 그의 나라와 그의 의를 구하라
그리하면 이 모든 것을 너희에게 더하시리라
그러므로 내일 일을 위하여 염려하지 말라
내일 일은 내일이 염려할 것이요
한 날의 괴로움은 그 날로 족하니라" (마 6:27-34).

넷째, 예수님은 하나님 나라에 대해 기도하고 난 후, 그 다음 기도로 '일용할 양식을 구하라.' 라고 가르쳐주셨습니다. 일 주일분도 아니고, 일 년분도 아니고, 평생 먹을 양식도 아닌 그날 먹을 양식을 하나님께 구하라는 것입니다.

하나님께 매일 일용할 양식을 구하는 기도를 하게 되면 필요 없는 욕심을 부리지 않고도 살 수 있습니다. 매일 감사하며 살 수 있습니다. 하나님과의 교제가 매일 이루어지므로 단 하루도 하나님과의 관계가 끊어지지 않고 살 수 있습니다.

그날의 괴로움은 그날에 족합니다. 괴로움도 하루 단위로 정리하고, 매일 먹을 양식도 매일 하나님께 구하며 사는 것이 예수님께서 가르쳐주신 삶의 방식이자 그리스도인의 기도 내용입니다.

이렇게 일용할 양식을 구하며 매일 하나님께 기도하면 매일 하나님을 묵상하며 살 수 있습니다.

다섯째, 이 기도는 매우 어렵지만 반드시 해야 하는 기도입니다. '나에게 잘못한 사람을 내가 용서한 것과 같이 하나님께서도 나의 죄를 용서해주십시오.' 라고 기도하는 것입니다. 나의 죄를 하나님께 용서받는 비결은 나에게 잘못한 사람들을 용서하는 것입니다.

참다운 그리스도인으로 사는 가장 아름답고 귀한 삶의 방식이 아닐 수 없습니다. 예수님께 배운 이 기도를 하나님께 드리기 위해서는 매일 누군가를 용서하며 살아야 합니다.

그래야 우리도 하나님 앞에 죄에 대해 용서받고 살아갈 수 있습니다. 예수님께 이런 기도를 배우지 않는다면 우리는 참으로 이기적인 기도를 드리며 살 것입니다.

여섯째, 용서에 대한 기도를 드리고 나면 이제는 시험에 들게 하지 말아 달라는 기도를 해야 합니다. 시험에 들지 않기 위해서는 늘 깨어 기도해야 합니다.

"시험에 들지 않게 깨어 기도하라
마음에는 원이로되

육신이 약하도다 하시고"(마 26:41).

시험에 들게 하지 말아 달라는 기도와 함께 우리가 하나님께 드려야 하는 기도는 악에서 구해달라는 기도입니다.

마지막으로, 예수님은 '나라와 권세와 영광이 아버지께 영원히 있습니다.' 라고 기도를 마치라고 가르쳐주셨습니다. 예수님께서 가르쳐주신 기도의 시작은 '하늘에 계신 우리 아버지', 그리고 끝은 '나라와 권세와 영광이 아버지께 영원히 있습니다.' 로 마치는 것입니다.

예수님께서 직접 가르쳐주신 이 주기도를 하루에도 수차례 암송하고 묵상하는 것이 그리스도인의 삶이 되어야 합니다.

하늘에 계신 우리 아버지를 늘 부르고, 그 하늘 아버지의 이름이 거룩히 여김을 받으시기를 기도하고, 하나님 나라와 하나님의 뜻이 이 땅에 이루어지기를 기도하고, 우리의 죄를 용서받기 위해 우리도 우리에게 죄지은 자를 용서하는 삶을 살고, 시험에 들지 않고 악에서 구해지기를 하나님께 간구하는 기도, 그리고 '나라와 권세와 영광이 아버지께 영원히 있사옵니다.' 라는 기도가 늘 우리의 입술에서 나와야 합니다.

이것이 그리스도인의 기도이고 가장 깊은 묵상입니다.

Praying through the Bible

10

《일년일독 통독성경》 제289 일

예수님
기도와 묵상 3

800년 전 호세아 선지자를 통한
하나님의 뜻(내 마음이 내 속에서 돌이키어 나의 긍휼이 온전히 불붙듯 하도다/호 11:8)을
아시는 예수님께서 십자가를 앞두시고
하나님 나라 사명을 완수하시기 위한 결단의 기도를 드리며,
끝까지 하나님의 뜻에 순종하시는 기도의 모범 중의 모범이 되는 기도

"조금 나아가사 얼굴을 땅에 대시고 엎드려 기도하여
이르시되 내 아버지여 만일 할 만하시거든
이 잔을 내게서 지나가게 하옵소서
그러나 나의 원대로 마시옵고
아버지의 원대로 하옵소서 하시고"(마 26:39).

4복음서를 읽어보면 예수님께서 기도하신 기록이 상당히 많

습니다. 그 가운데 예수님께서 가장 절실하게 기도하신 것은 온 인류의 죄를 대속하시기 위한 십자가를 앞두고 하늘의 하나님께 드린 기도입니다.

예수님은 십자가를 앞두시고 겟세마네 동산으로 제자들 가운데 베드로와 야고보와 요한을 따로 데리고 가서 기도하셨습니다.

예수님은 제자들에게 당신의 마음이 심히 고민되어 죽을 정도라고까지 하시며 함께 기도하사고 말씀하셨습니다. 예수님은 얼굴을 땅에 대시고 엎드려 하나님께 기도하셨습니다. 십자가를 통해 온 인류의 죄를 대속하는 일이 그만큼 엄중하고 중차대한 일이었기 때문입니다.

예수님께서 하나님께 물으셨습니다.

"조금 나아가사 얼굴을 땅에 대시고 엎드려 기도하여 이르시되 내 아버지여 만일 할 만하시거든 이 잔을 내게서 지나가게 하옵소서 그러나 나의 원대로 마시옵고 아버지의 원대로 하옵소서 하시고"(마 26:39).

또다시 예수님께서 두 번째 하나님께 물으셨습니다.

"다시 두 번째 나아가 기도하여 이르시되
내 아버지여 만일 내가 마시지 않고는
이 잔이 내게서 지나갈 수 없거든
아버지의 원대로 되기를 원하나이다 하시고"(마 26:42).

마지막으로 다시 한 번 예수님께서 두 번째와 같은 내용으로 하나님께 물으셨습니다.

"또 그들을 두시고 나아가
세 번째 같은 말씀으로 기도하신 후"(마 26:44).

예수님은 왜 3번이나 동일한 내용을 하나님께 확인하셨을까요? 이것은 예수님께서 하나님의 마음을 가장 잘 아시기 때문이었습니다. 하나님께서는 과거 북이스라엘이 우상을 섬기며 죄악 된 길로 계속 나아가자 선지자들을 통해 북이스라엘의 멸망을 말씀하셨습니다. 그리고 공의의 하나님의 심판만 이 남은 상태였습니다.

그런데 하나님께서 그렇게 심판을 말씀하시고 나서 또다시 하나님의 마음속에서 긍휼이 불붙듯 하셔서 맹렬한 노를 발하지 않겠다고 말씀하십니다.

"에브라임이여 내가 어찌 너를 놓겠느냐
이스라엘이여 내가 어찌 너를 버리겠느냐
내가 어찌 너를 아드마 같이 놓겠느냐
어찌 너를 스보임 같이 두겠느냐
내 마음이 내 속에서 돌이키어
나의 긍휼이 온전히 불붙듯 하도다
내가 나의 맹렬한 진노를 나타내지 아니하며
내가 다시는 에브라임을 멸하지 아니하리니
이는 내가 하나님이요 사람이 아님이라
네 가운데 있는 거룩한 이니 진노함으로
네게 임하지 아니하리라"(호 11:8-9).

그 마음을 예수님께서 가장 잘 아십니다. 세상 모든 사람들은 다 각자 자기들의 죄로 인해 죽을 수밖에 없습니다. 공의의 하나님의 잣대에서는 세상 어느 누구도 살아남을 수 있는 사람이 없습니다. 죄의 값은 사망이기 때문입니다.

그런데 그 값을 하나님께서 스스로에게 지우셨습니다. 당신의 독생자를 통해서 말입니다. 그 일을 예수님께서 담당하셔야 함을 예수님 스스로 너무나도 잘 알고 계셨습니다.

그래서 예수님께서 하나님의 마음을 다시 확인하며 기도하신 것입니다. 하나님께서는 예수님의 그 기도에 침묵으로 답하셨습니다.

하나님의 뜻을 확인하신 예수님은 십자가로 나아가십니다.

"또 그들을 두시고 나아가
세 번째 같은 말씀으로 기도하신 후
이에 제자들에게 오사 이르시되 이제는 자고 쉬라
보라 때가 가까이 왔으니

인자가 죄인의 손에 팔리느니라
일어나라 함께 가자 보라
나를 파는 자가 가까이 왔느니라"(마 26:44-46).

이것이 하나님의 마음에 합한 기도입니다. 기도는 하나님께 자신의 요구와 뜻을 관철시키는 도구나 수단이 아닙니다. 예를 들어, 금식 기도가 단식투쟁으로 변질되어서는 안 된다는 것입니다.

예수님은 공생애를 앞두시고 정말 큰 힘이 필요해서 하나님 앞에 금식하며 기도하신 것이지, 어떤 목적을 가지고 그 요구를 관철시키기 위해 금식하신 것이 아닙니다. 다시 강조하건대, 하나님의 뜻을 묻고 하나님의 뜻을 따르겠다고 고백하는 것이 진정한 기도입니다. 예수님께서 그렇게 하셨고, 우리도 그렇게 예수님을 따라 해야 합니다. 우리의 기도는 예수님을 닮는 기도가 되어야 할 것입니다.

무슨 일이든 '하나님의 원대로' 즉, '하나님의 뜻대로' 이루어지기를 기도하는 것이 기도의 마침이 되어야 합니다. 이러한 기도가 하나님의 뜻이 하늘에서와 같이 땅에서도 이루어지기를 원하는 기도입니다.

날마다 하나님의 뜻대로 살기를 기도하는 그리스도인이 깊은 영성의 사람이고, 묵상하는 참 그리스도인입니다.

Praying through the Bible

11

《일년일독 통독성경》 제296일

시므온
기도와 묵상

800년 전의 이사야 선지자를 통한 하나님의 뜻을 알고,
지금 주의 구원을 보고 하나님을 찬송하는 시므온의 기도

"시므온이 아기를 안고 하나님을 찬송하여 이르되
주재여 이제는 말씀하신 대로
종을 평안히 놓아 주시는도다
내 눈이 주의 구원을 보았사오니
이는 만민 앞에 예비하신 것이요 이방을 비추는 빛이요
주의 백성 이스라엘의 영광이니이다 하니"(눅 2:28-32).

하나님의 사람 시므온이 하늘의 하나님께 기도합니다. 시므

온의 기도는 아기 예수님을 안고 하나님을 찬송하는 기도입니다. 시므온은 아마 연세가 지긋하셨던 분 같습니다.

그런데 어느 날 아기 예수님을 보게 되고, 그 아기 예수님을 품에 안아보는 기쁨을 누리게 되었습니다. 노구(老軀)의 몸으로 아기 예수님을 안고 시므온이 감격에 겨워 하나님을 찬양하고 기도하고 있습니다.

그런데 시므온의 찬양과 기도는 성경을 통한 찬양과 기도였습니다.

"나 여호와가 의로 너를 불렀은즉
내가 네 손을 잡아 너를 보호하며
너를 세워 백성의 언약과
이방의 빛이 되게 하리니"(사 42:6).

"나라들은 네 빛으로, 왕들은 비치는
네 광명으로 나아오리라"(사 60:3).

시므온은 구약의 하나님 말씀을 늘 읽고 묵상하던 하나님의 사람이었습니다. 어느 날 아기 예수님을 보게 된 순간 시므온은 그 아기 예수님이 이사야 선지자가 예언한 바로 그분이라는 사실을 바로 알게 됩니다. 그러자 그가 평소에 늘 하던 기도와 묵상이 그의 입술에서 나옵니다.

아기 예수님의 부모인 요셉과 마리아가 시므온의 찬양과 기도를 듣고 기이하게 여기자 시므온은 아기 예수님이 어떤 분이신지 가르쳐주었습니다.

"시므온이 그들에게 축복하고
그의 어머니 마리아에게 말하여 이르되
보라 이는 이스라엘 중
많은 사람을 패하거나 흥하게 하며
비방을 받는 표적이 되기 위하여 세움을 받았고
또 칼이 네 마음을 찌르듯 하리니
이는 여러 사람의 마음의 생각을
드러내려 함이니라 하더라"(눅 2:34-35).

아기 예수님께서 이 땅에 오셨을 때에 동방박사들이 선물을 드렸고, 베들레헴의 목자들은 아기 예수님을 경배하고 찬양했습니다. 그리고 시므온은 아기 예수님을 품에 안고 하나님께 감사의 기도를 드렸습니다. 우리도 시므온처럼 '내 눈 주의 영광을 보네.' 라며 주의 구원을 보고 하나님의 영광을 목도하기를 꿈꿉니다.

"내 눈 주의 영광을 보네 우리 가운데 계신 주님
그 빛난 영광 온 하늘 덮고 그 찬송 온 땅 가득해
내 눈 주의 영광을 보네 찬송 가운데 서신 주님
주님의 얼굴은 온 세상 향하네 권능의 팔을 드셨네
주의 영광 이곳에 가득해 우린 서네 주님과 함께
찬양하며 우리는 전진하리 모든 열방 주 볼 때까지
하늘 아버지 우릴 새롭게 하사
열방 중에서 주를 섬기게 하소서
모든 나라 일어나 찬송 부르며 영광의 주님을 보게 하소서"

〈모든 열방 주 볼 때까지 / 고형원 作〉

Praying through the Bible

12

《일년일독 통독성경》 제324일

바울
기도와 묵상

1,500년 전에 기록된 〈모세5경〉과
예수 그리스도의 십자가 이야기를 가슴에 담고,
지금 내 안에 사시는 그리스도를 고백하는 사도 바울의 기도

"내가 율법으로 말미암아 율법에 대하여 죽었나니
이는 하나님에 대하여 살려 함이라
내가 그리스도와 함께 십자가에 못 박혔나니
그런즉 이제는 내가 사는 것이 아니요
오직 내 안에 그리스도께서 사시는 것이라
이제 내가 육체 가운데 사는 것은 나를 사랑하사
나를 위하여 자기 자신을 버리신
하나님의 아들을 믿는 믿음 안에서 사는 것이라"(갈 2:19-20).

바울의 기도는 너무나도 깊습니다.

구약성경 39권과 신약의 4복음서(마태, 마가, 누가, 요한) 전체를 다 담고 있기 때문입니다. 바울이 그토록 깊은 기도를 할 수 있었던 이유는 첫째, 가말리엘에게 율법을 잘 배웠기 때문이고 둘째, 예수님을 만나 한눈에 예수님이 '율법과 선지자를 완전하게 하신 하나님의 아들' 이심을 알아보았기 때문입니다. 그리고 셋째는, 예수 그리스도의 복음을 땅끝까지 전하며 예수님의 명령을 실천하며 살았기 때문입니다.

바울은 처음에는 예수님에 대해 오해했던 사람입니다. 예루살렘 성전을 중심으로 하는 대제사장 세력들이 전하는 거짓에 속았던 것입니다. 그래서 예수님이 신성모독자이자, 성전모독자이고, 거짓말쟁이라고 생각했었습니다.

그래서 예수는 십자가에서 죽어 마땅한 자라 생각했고, 그 예수를 믿고 전파하는 사람들 또한 율법으로 처벌해야 한다고 확신했었습니다.

때문에 스데반의 죽음이 정당하다고 믿었고, 더 나아가 예수를 전하는 사람들을 스데반처럼 처벌하기 위해 길을 떠났던 사람입니다.

그런데 그런 바울 앞에 예수님께서 직접 나타나셨습니다. 바울과 예수님의 대화는 채 10초가 되지 않습니다.

"땅에 엎드러져 들으매 소리가 있어 이르시되
사울아 사울아 네가 어찌하여 나를 박해하느냐 하시거늘
대답하되 주여 누구시니이까 이르시되
나는 네가 박해하는 예수라"(행 9:4-5).

청년 시절 사울이라 불렸던 바울은 그 짧은 시간에 예수님이 바로 선지자들이 예언했던 그 메시아임을 알게 됩니다. 율법과 선지자에 대한 그동안의 공부가 예수님을 만나자 곧바로 '예수는 주' 라는 사실을 깨닫게 한 것입니다.

예수님이 대제사장들이 말했던 신성모독자나 성전 모독자, 혹은 거짓말쟁이가 아닌 하나님의 아들이라는 사실을 깨닫자 그때로부터 바울의 인생은 '예수는 주'라는 사실을 전하는 일로 직진합니다.

바울은 구약성경 공부가 충분했던 사람입니다.

예수님을 만난 후로부터는 예수님에 대해 공부했습니다. 그리고 자기 당대에 예수님의 유언인 '땅끝까지 복음을 전하는 일'을 완수하려고 결심했습니다. 그는 자신이 가진 모든 것들을 다 내려놓고 오직 예수를 전하는 일에 매진했습니다.

바울은 자신이 복음을 전하는 와중에 당한 고난을 증언합니다.

"그들이 그리스도의 일꾼이냐 정신 없는 말을 하거니와
나는 더욱 그러하도다
내가 수고를 넘치도록 하고 옥에 갇히기도 더 많이 하고
매도 수없이 맞고 여러 번 죽을 뻔하였으니
유대인들에게 사십에서 하나 감한 매를 다섯 번 맞았으며
세 번 태장으로 맞고 한 번 돌로 맞고 세 번 파선하고
일 주야를 깊은 바다에서 지냈으며

여러 번 여행하면서 강의 위험과 강도의 위험과
동족의 위험과 이방인의 위험과
시내의 위험과 광야의 위험과 바다의 위험과
거짓 형제 중의 위험을 당하고
또 수고하며 애쓰고 여러 번 자지 못하고 주리며
목마르고 여러 번 굶고 춥고 헐벗었노라"(고후 11:23-27).

바울은 젊은 날 스데반이 죽는 데 적극적으로 가담했던 사람입니다. 그런데 바울이 예수 그리스도의 복음을 전하기 시작하자 과거 바울과 함께 스데반을 죽이는 데 함께 앞장섰던 사람들이 이제 바울을 죽이는 일에 앞장섰습니다.

바울은 스데반의 죽음에 동참한 것에 대한 미안함을 평생 가지고 살았을 것이고 아마 그 때문에 자신이 당하는 고난에 대해 더 많이 참고 견뎠을 것이라 생각됩니다.

예수 그리스도를 만난 바울은 예수 그리스도의 십자가로 인해 제사장 나라가 종료되고, 제사장 나라를 담는 하나님 나라가 온 것을 알았습니다.

그리고 예수 그리스도의 십자가가 무엇인지, 그리고 그 십자가를 통한 하나님의 사랑이 무엇인지 정확하게 깨달았습니다. 대제사장들이 그토록 지키려 했던 예루살렘 성전 '건물'이 중요한 것이 아니라, 예수 그리스도를 통한 하나님의 측량할 수 없는 '용서와 사랑'이 중요하다는 사실을 깨달은 것입니다.

그래서 바울은 고백합니다.

"깊도다 하나님의 지혜와 지식의 풍성함이여,
그의 판단은 헤아리지 못할 것이며
그의 길은 찾지 못할 것이로다
누가 주의 마음을 알았느냐 누가 그의 모사가 되었느냐
누가 주께 먼저 드려서 갚으심을 받겠느냐
이는 만물이 주에게서 나오고 주로 말미암고
주에게로 돌아감이라
그에게 영광이 세세에 있을지어다 아멘"(롬 11:33-36).

예수 그리스도의 십자가를 생각하면 하나님의 사랑이 얼마나 깊은지 하나님을 찬양하지 않을 수 없습니다. 그 사실을 깨달은 바울은 촌음(寸陰)을 아껴 복음을 전하기 위해 쉬지 않고 전심전력으로 달렸습니다.

하나님께서 주실 면류관을 기대하며 온갖 어려움과 고난을 이겨냈습니다. 그리고 초기교회에서 발생한 여러 문제들을 잘 정리 정돈하여 교회가 든든히 세워지는 데 기틀을 마련했습니다.

복음이 유대인을 넘어 이방인들에게까지 가장 잘 전달되도록 그의 모든 노력을 아끼지 않았습니다.

또한 바울은 많은 젊은 제자들을 배출해 복음이 계속해서 잘 계승되도록 길을 열었습니다. 다메섹으로 가는 길에 예수님을 만난 후부터 바울은 그의 삶 전체를 복음 전하는 일에 바쳤습니다.

바울은 그의 남은 노년에 당시의 사람들에게 땅끝이라 알려져 있었던 서바나(스페인)까지 가서 복음을 전하고자 했습니다.

그런데 로마 대화재 사건이 발생하면서 그 일을 접어야 했습니다. 그럼에도 불구하고 바울은 실망하지 않았습니다.

제자들을 길러놓았으며, 특히 믿음의 아들이라고까지 부를 정도로 믿을 만한 디모데 때문에 든든했기 때문입니다.

디모데는 그의 어머니와 외할머니를 통해 어려서 성경을 배운 하나님의 사람이었습니다. 영어성경에는 디모데가 어려서 성경을 배웠다는 그 대목의 '어려서'를 'infant'로 표현하고 있습니다. 'infant'는 만 5세를 일컫습니다.

유치원에 갈 나이에 성경을 배웠다는 것입니다. 어린 나이에 배워야 무슨 과목이든 성과가 납니다. 예를 들어, 어른들은 여러 나라말을 동시에 배우는 데 어려움이 많습니다.

그런데 놀랍게도 5살 어린아이들은 한꺼번에 여러 나라말을 가르쳐도 놀라울 정도로 성과를 냅니다. 이것이 어른과 다른 'infant'의 놀라운 능력입니다.

5살 아이들은 무엇이 어려운지 쉬운지 모릅니다. 어른들이 가르쳐주는 것을 가감 없이 배울 뿐입니다. 그 나이에 먹었던 음식을 평생 기억하며 먹는 것은 그 나이가 중요하기 때문입니다.

그래서 어린 나이의 교육에 놀라운 효과가 있습니다. 그렇게 가장 총명한 어린 나이에 성경을 가르쳐주면 하나님의 자녀로 자라게 될 것입니다.

바울도 어려서부터 성경을 배워 가말리엘 문하에서 율법을 본격적으로 공부했고, 디모데 또한 어려서부터 성경을 공부했습니다. 어려서부터 성경을 공부한 사람들이 세상을 바꿉니다.

바울이 디모데를 믿고 디모데에게 '복음과 함께 고난을 받으라.' 라는 말을 해줄 수 있었던 것은 디모데의 실력이 그 말의 가치를 알아들을 만큼 월등했다는 반증입니다.

하나님의 사람 바울이 하늘의 하나님께 기도합니다. 자신은 그리스도와 함께 십자가에 못 박혔고, 자신이 사는 것은 자신을 사랑하사 자신을 위해 당신의 몸을 버리신 하나님의 아들을 믿는 믿음 안에서 사는 것이라는 기도를 드렸습니다.

하나님께서, 그리고 하나님 우편에서 바울의 이 놀라운 기도를 들으신 우리 예수님께서 얼마나 기쁘고 행복하셨을까요. 하나님을 향한 다윗의 아름다운 고백과 찬양이 하나님을 기쁘시게 했듯이, 바울의 이 깊은 고백이 하나님을 정말 크게 기쁘시게 했습니다.

하나님의 사람 바울의 기도가 오늘을 사는 모든 그리스도인의 고백과 기도와 그리고 깊은 묵상이 되어야 할 것입니다.

구약성경 39권 전체와 신약의 4복음서가 바울의 기도 속에 한꺼번에 모두 농축되어 하나님께 올려지고 있습니다. 바울의 기도가 이처럼 깊은 이유는 바울이 성경 전체를 가지고 살아계신 하나님께 기도했기 때문입니다.

내가 사는 것은 하나님을 믿는 믿음 안에서 사는 것이라는 고백을 하나님께 드리는 날이 내일이 아닌 바로 오늘이기를 기도합니다.

"내가 그리스도와 함께 십자가에 못 박혔나니
그런즉 이제는 내가 사는 것이 아니요
오직 내 안에 그리스도께서 사시는 것이라
이제 내가 육체 가운데 사는 것은
나를 사랑하사 나를 위하여 자기 자신을 버리신
하나님의 아들을 믿는 믿음 안에서 사는 것이라"(갈 2:20).

마치면서

왕도 아니고 장군도 아니었는데도 불구하고 전 세계적으로 4,000년 이상 유명세를 누리는 사람이 있습니다. 바로 아브라함입니다. 아브라함은 기독교, 유대교, 이슬람교 모두를 망라해 가장 유명한 사람입니다.

그렇다면 위대한 왕도 아니었고, 나라를 구한 장군도 아닌 한 사람 아브라함은 '믿음의 조상' 이라는 별칭으로 왜 그렇게 유명할까요?

여러 이유가 있겠지만, 아브라함은 믿음의 조상이라 일컬음을 받을 만큼 최초로 '자식 교육을 가장 잘 시킨 사람' 이어서 그런 것 같습니다.

아브라함은 100세에 얻은 아들 이삭의 몸에 난 지 8일 만에 칼을 댄 사람입니다. 세상에 태어난 지 8일 된 아이의 몸에 칼을 댄다는 것은 보통 부모로서는 상상도 할 수 없는 일입니다. 모든 부모들은 세상에 태어난 지 8일 된 아이에게는 바늘도 대지 못할 것입니다.

그런데 아브라함은 아이의 몸에 칼을 대면서 '교육' 을 시작했습니다. 철저하게 하나님을 가르치기로 결심했기 때문입니다. 하나님의 말씀으로 아들을 교육하고 훈계했던 것입니다.

하나님의 명령으로 아브라함이 아들 이삭을 번제로 바치기 위해 3일 길을 함께 걷는 장면이 성경에 기록되어 있습니다. 그 사이에 아버지와 아들의 대화가 있습니다.

그런데 하나님께서 아브라함을 두 번이나 크게 부르시며 아들을 번제로 바치기 위해 칼을 든 아브라함을 제지하십니다.

그리고 아브라함이 아들 이삭에게 말했던 대로 하나님께 바칠 번제물을 하나님께서 준비해놓으셨음을 아버지와 아들이 함께 보게 됩니다.

아버지 아브라함이 눈물을 흘리며 춤을 추면서 하나님께서 준비하셨다고 '여호와 이레'의 찬양을 하나님께 올려드립니다. 아버지와 아들이 함께 하나님을 체험한 것입니다. 그 아들에게 무슨 세상 교육이 더 필요하겠습니까?

이후 세월이 흘러 아브라함이 죽고 난 후에도 이삭이 자기 아버지 아브라함에게 배운 대로 하나님의 말씀에 순종하는 삶을 살아갑니다. 그래서 그는 흉년에도 100배의 결실을 맺는 기적을 체험하게 됩니다.

하나님을 믿고 순종하며 믿음으로 살아가는 것을 가르치고 배우는 것이 '교육 중의 교육'입니다.

하나님을 모르면 하나님을 믿을 수 없습니다.
그런데 계시의 책 성경을 읽으면 하나님을 알 수 있습니다.

그리고 하나님을 알게 되면 하나님을 믿는 믿음이 생깁니다.
믿음이 생기면 하나님 말씀에 순종할 수 있습니다.
순종하면 놀랍게도 기적을 체험하게 됩니다.
기적을 체험하면 하나님께 영광을 돌릴 수 있습니다.

성경 – 믿음 – 순종 – 기적 – 하나님께 영광

이 놀라운 교육의 틀을 아브라함이 그의 아들 이삭에게 가르친 것입니다. 그리고 아버지와 아들이 이 놀라운 사실을 함께 체험했습니다.

하나님을 알고, 하나님을 믿고, 하나님의 말씀에 순종하고, 하나님께 순종함으로 기적을 체험하고, 그리고 하나님께 영광을 돌리는 그 놀라운 일을 말입니다.

기도와 묵상은 다른 어떤 길이 아닌 성경을 통해서 해야 합니다. 하나님에 대해 알고, 하나님을 믿고, 하나님의 말씀에 순종하고, 그로 인해 기적을 체험하고, 그 기적으로 인해 하나님께 영광을 돌리는 그런 사람이 하나님께 기도할 수 있고,

하나님을 가장 깊게 묵상할 수 있기 때문입니다.

믿음의 사람 아브라함이 아들 이삭을 데리고 모리아 산으로 향하는 순종이 없었더라면 그 가정에 기적이 없었을 것이고, 아브라함, 이삭, 야곱, 요셉, 그리고 모세를 비롯한 하나님의 사람들의 이야기가 없었을 것입니다.

그리스도인은 성경에서 시작하여 하나님께 영광으로 끝을 맺어야 합니다. 성경과 하나님께 영광 사이에 믿음과 순종과 기적이 있습니다.

이것이 기도하는 하나님의 사람, 묵상하는 하나님의 사람의 순환이 되어야 합니다.

우리의 기도와 우리의 묵상이 성경 속 하나님의 사람들처럼 하나님께 열납 되기를 원합니다.